»Mein guter Geist, mein beßres Ich!«

RÜCKERT ZU EHREN

EINE SCHRIFTENREIHE
DER RÜCKERT-GESELLSCHAFT

BAND IX

ERGON VERLAG

Ingeborg Forssman

Luise Rückert geb. Wiethaus-Fischer
»MEIN GUTER GEIST, MEIN BESSRES ICH!«

Ein Lebensbild der Frau des gelehrten Dichters
Friedrich Rückert

ERGON VERLAG

In memoriam
Ursula Münchhoff
1929–1997

Kindheit

Über den gelehrten Dichter Friedrich Rückert gibt es unzählige Berichte, teils von Zeitzeugen, teils von späteren Biographen. Will man etwas über seine Frau erfahren, so muß man sich die Informationen mühsam aus Briefen, Tagebuchnotizen und Lebenserinnerungen zusammensuchen. Die Frau an seiner Seite und in seinem Schatten hat aber insofern kein Schattendasein geführt, als der Bräutigam, Ehemann und Witwer ihr unzählige Gedichte gewidmet hat. Wohl kaum eine andere Frau der Weltliteratur ist so besungen worden wie die »Liebesfrühlingsluise.«

Anna Magdalena Luise Wiethaus wurde am 17.11.1797 in Bayreuth geboren, wo ihr Vater, der Jurist Carl Friedrich Wiethaus (1774–1799), seit kurzer Zeit als Auscultator (Rechtsreferendar) bei der Königlich Preußischen Regierung beschäftigt war. Die kleine Luise mußte ihre Geburtsstadt allerdings schon bald verlassen, denn der junge Vater litt an Tuberkulose und starb am 21.3.1799 mit nur 25 Jahren in Erlangen.

Aus der fränkischen Universitätsstadt stammte Luises Mutter Luise Magdalene Wiethaus geb. Doppelmeyer (1772–1850). Dort suchte die Familie Zuflucht, als die Lage mit dem kranken Mann und den beiden kleinen Kindern (Karl *1796 und Luise *1797) immer schwieriger wurde. Allerdings fand Frau Wiethaus ihre Mutter Anna Doppelmeyer, die Wirtin der »Blauen Glocke«, auch leidend vor.[1] Sie starb nur fünf Tage nach dem Schwiegersohn am 26.3.1799. Sie hatte kein leichtes Leben gehabt. Der erste Mann war nach 12jähriger Ehe im Oktober 1769 ertrunken, als die Postkutsche bei Hirschaid im Hochwasser der Regnitz untergegangen war. Der zweite Mann, der Mediziner Doppelmeyer, verließ sie und die kleine Tochter und ging nach der Scheidung nach Rußland, wo er seit 1781 in Moskau und andern Orten als Arzt praktizierte. So hatte sie fast 20 Jahre lang allein den Gasthof geführt.

Da ihre Tochter als junge Witwe sich offenbar nicht im Stande sah, die Gastwirtschaft zu übernehmen, verkaufte sie im August 1799 das stattliche Anwesen in der Hauptstraße 46 (heute Hauptstraße / Ecke Glockengasse). Das Gasthaus, das in einem Büchlein: »Erlangen in der Westentasche, treuer Führer durch Stadt und Universität« von 1845, neben dem »Goldenen Walfisch« als zweites Haus am Platz erwähnt wird und wo die Hamburger und die Schweinfurter Postkutsche Station machten, brachte der Alleinerbin 12.500 Gulden. Mit dem Geld und den beiden Kindern zog sie nach Coburg und lernte dort ihren zweiten Mann kennen. In ihrer Heimatgemeinde, der evang.-luth. Pfarrei der Erlanger Neustadt, wurde sie im Dezember 1802 als Regierungs-Referendärs-Witwe abgekündigt und am 4.1.1803 mit dem Juristen Albrecht Fischer in Coburg getraut.

War die erste Ehe mit dem um zwei Jahre jüngeren Studenten der Jurisprudenz aus Schwerte in Westfalen unter Zeitdruck geschlossen worden (der Sohn Karl wurde nur einen Monat nach der Eheschließung geboren) und von der Krankheit des Mannes überschattet gewesen, so hatte die zweite Ehe eine solidere Basis. Albrecht Fischer war acht Jahre älter als seine Frau und wohlbestallter Hofadvokat. 1823 wurde er als tüchtiger Beamter zum Regierungssekretär im Fürstentum Coburg ernannt. Er besaß ein Haus in der Stadt in unmittelbarer Nähe der fürstlichen Residenz und ein Landgut, den Nattermannshof, im benachbarten Dorf Neuses. Aber er war nicht nur ein gutsituierter und gebildeter Mann, er war auch ein vorbildlicher Vater für die beiden Stiefkinder, die er adoptierte und die fortan den Doppelnamen Wiethaus-Fischer trugen. Nach seinem Tod im Herbst 1836 schrieb Luise in ihr Tagebuch: »Den 10 September Abend 8 Uhr starb mein geliebter Vater. Lohne Gott ihm alle seine Liebe u Treue, u vergelte es ihm dort, daß ich nie gemerkt habe daß er Stiefvater war. Ei, wenn doch alle rechte Väter so für ihrer Kinder Wohl sorgten, wie er für unsers.«[2]

Luise war zwei Jahre alt, als sie mit der Mutter nach Coburg zog. Sie war fünf, der Bruder sechs, als sie einen Stiefvater bekam. Vom leiblichen Vater war nie mehr die Rede, wie die Enkelin Anna später bedauernd feststellte. Die kleine Residenzstadt Coburg wurde so zur Heimat von Luise. Die Winter verbrachte sie in dem großen Haus in der Schloßgasse, die Sommer auf dem Landgut Neuses inmitten der Natur.

Coburg (auch Koburg), 1207 zum ersten Mal als Stadt erwähnt, war seit 1549 Residenz der Herzöge von Sachsen-Coburg-Saalfeld. Die Burg, auf der einst Luther Zuflucht gefunden hatte, erhob sich hoch über dem Ort. Am Fuß des Burgbergs war ein modernes Stadtschloß, die Ehrenburg, errichtet worden. Von 1806 bis 1844 regierte Herzog Ernst I. Nach seinem Tod folgte ihm sein Sohn als Ernst II. (1844–1893). Er war der ältere Bruder von Albert, dem Prinzgemahl der englischen Königin Victoria.

Über Luises Kindheit berichtet uns die jüngste Tochter Anna: »Die Mutter muß ein ungewöhnlich reizendes Kind gewesen sein. Altersgenossen erzählten wie die Schulbuben – Knaben und Mädchen saßen damals gemeinschaftlich in einer Klasse – sich um den Platz neben dem ›Fischers Luisle‹ gerauft haben«.[3] Und an anderer Stelle: »Wir wissen nicht viel von der Schulzeit Luisen's. Sie besuchte ein kleines Institut unter der Leitung des Rats Bayge in Coburg. Sie war eine fleißige und gehorsame Schülerin, an der die Lehrer ihre Freude hatten und sie bewahrte ihnen wieder bis in ihr Alter ein dankbares Andenken. Als sie heranwuchs schloß sie mehrfach Freundschaftsbündnisse mit Mädchen befreundeter Familien in Coburg und Umgebung. Und einige dauerten ihr ganzes Leben hindurch.«[4]

Luise führte das Leben einer »Höheren Tochter«. Sie nahm teil am kulturellen Leben der kleinen Residenzstadt, und es wurde in der religiösen Unterweisung der Grund gelegt für ihren starken Glauben an einen persönlichen Gott, der sie ihr ganzes Leben hindurch begleitete und ihr in schweren Tagen Trost und Hilfe bot.

In der Stadt Coburg gehörte die Familie Fischer zur Oberschicht. Auf dem Gut Neuses aber, das sich schon seit 100 Jahren im Familienbesitz befand, war sie die von allen anerkannte Herrschaft: »Unser Neuses war in meiner Kindheit noch ein richtiges Dorf ... Des Abends brannten in den niedern Stuben, in denen die Spinnräder schnurrten, die Kienspäne und die Mädchen und Burschen sangen alte Lieder. Wundervoll war das patriarchalische Verhältnis zwischen dem Dorf und dem alteingestammten Herrenhause. Wir Kinder hießen bei Groß und Klein nur die Herrenkinder. Sogar der Hund und die Hühner wurden als Herrenhund und Herrenhühner respektiert und einer sehr schmutzigen

Magd von uns fiel der schmeichelhafte Beiname ›die Herrensau‹ zu. Neuses war ein Frei- oder Patronalgut. Es wurde uns Kindern der Stall gezeigt, in welchem der Großvater, der die Gerichtsbarkeit über seine Bauern besaß, widerspenstige Untergebene einsperren lassen durfte.«[5]

Frühling

Das Leben als wohlbehütete Tochter des Coburger Bürgertums bekam für Luise Wiethaus-Fischer eine neue Richtung, als im Winter 1820 auf 1821 bei der Witwe von Gersdorf, die im Fischerschen Haus zur Miete wohnte, ein Zimmerherr einzog: Friedrich Rückert. Der 32jährige Dichter und Privatgelehrte war zu dem Zeitpunkt schon allgemein bekannt. Seine vaterländischen »Geharnischten Sonette«, die nach dem Sieg über Napoleon in der Völkerschlacht bei Leipzig entstanden waren, entsprachen dem Geschmack der patriotisch gesinnten Zeitgenossen. Rückert hatte sie zwar unter dem Pseudonym Freimund Reimar veröffentlicht, aber der wahre Verfasser war bald entschlüsselt worden. So war es kein Wunder, daß Luise sich für den melancholisch blickenden Dichter mit den langen dunklen Locken und den tiefliegenden braunen Augen interessierte. Auch war der neue Hausgenosse schon auf Grund seiner Größe von annähernd 2 Metern im Stadtbild von Coburg nicht zu übersehen. Was aber faszinierte den Dichter an der um fast 10 Jahre jüngeren Tochter des Hauses?

Die 23jährige Luise war klein, zierlich, hatte braune Haare und Augen. Eine ausgesprochene Schönheit war sie nicht. Aber sie hatte Ausstrahlung. Ihr Urenkel Rüdiger Rückert gibt uns folgende Beschreibung: »kastanienbraunes Haar, hellbraune Augen, regelmäßiges anmutiges Gesicht, etwas gestört durch eine gewisse Röte um Nase und Mund (Rositis), zierliche Gestalt, feiner Gliederbau, herzlicher Frohsinn, wundervoller Humor mit gelegentlich feinem Sarkasmus.«[6] Sie war klug, geistig rege, humorvoll und schlagfertig, konnte allerdings mit ihrer scharfen Zunge auch schnell urteilen und verurteilen. Sie war beliebt bei jung und alt, war eine liebevolle Tochter aus gutem Haus und versprach, auch selbst einmal eine gute Hausfrau zu werden. Und, bewußt oder unbewußt, suchte Rückert eine eigene Häuslichkeit. Junggesellen beiderlei Geschlechts wurden im 19. Jahrhundert scheel angesehen. Die Männer galten als Sonderlinge, als Hagestolze, die Frauen zunächst als späte Mädchen, dann als alte Jungfern. Die Zeit des Biedermeier hat das »traute Heim« wenn nicht direkt erfunden, so doch zu einer Blüte gebracht. Auch Rückert hat in seinem Gedichtband »Haus und Jahr« dem Zeitempfinden gehuldigt, ja er war in vieler Hinsicht ein typischer Vertreter dieser Epoche, was ihm von »fortschrittlichen« Menschen unserer Zeit oft vorgeworfen wird. Damals entdeckte man die Natur, züchtete Blumen, pflegte Freundschaften und dachte neu über die Erziehung nach. Die Gedanken von Rousseau und Pestalozzi begannen Fuß zu fassen. Man kann sagen, daß erst im 19. Jahrhundert das Kind als eigenständige Person mit eigenen Ansprüchen entdeckt und ernst genommen wurde.

Wie die Eltern Fischer reagierten, als sie merkten, daß zwischen dem Dichter und Luise eine Liebesbeziehung aufkeimte, erfahren wir wieder von der jüngsten Tochter Anna:

»Zwischen beiden jungen Leuten entstand bald eine innige Zuneigung, der Luises Eltern zwar nicht direkt entgegentraten, die aber doch auf Schwierigkeiten stieß, denn Freunde u. Verwandte gaben mehrfach zu bedenken, daß Rückert, obwohl er schon einen guten Ruf als Dichter besaß, doch über keine sichere Lebensstellung u. kein Vermögen verfügte, das zur Erhaltung einer Familie hätte genügen können …«.[7]

Vor allem Luises Mutter war skeptisch, und ihr Verhältnis zum Schwiegersohn blieb zeitlebens reserviert. Daran war nicht nur die unsichere finanzielle Situation schuld. Sie liebte ihre Tochter über alles und hätte ihr einen »Märchenprinzen« gegönnt. Und der war eben der eher schwierige Dichter sicher nicht! Zum Glück war Luise nicht arm, allerdings auch wieder nicht reich genug, um dieser Ehe ohne regelmäßiges Einkommen des Mannes eine gute Grundlage zu sichern. Wenn auch Rückert nicht der Traumschwiegersohn war, so konnten sich doch die Eltern auf Dauer dieser himmelstürmenden Liebe nicht widersetzen. Daß es Luise ihrem Verehrer nicht allzu schwer gemacht hat, kommt in vielen Gedichten zum Ausdruck:

Er ist gekommen
In Sturm und Regen,
Er hat genommen
Mein Herz verwegen.
Nahm er das meine?
Nahm ich das seine?
Die beiden kamen sich entgegen.[8]

Luise Wiethaus-Fischer (1797–1857)
Bleistiftzeichnung von Friedrich v. Rauscher (1817)

Friedrich Rückert (1788–1866)
Stahlstich von Carl Barth (um 1841)

Der erste Brief aus Coburg, der von Rückert überliefert ist, trägt das Datum vom 7.1.1821. Im Juni desselben Jahres waren die jungen Leute schon ein heimliches Brautpaar, im Juli wurde die Verbindung dann auch offiziell von beiden Elternpaaren gebilligt. Bei den Eltern Rückert gab es keine Vorbehalte. Sie haben die Schwiegertochter bei ihrem ersten Besuch im Amtshaus in Ebern mit offenen Armen aufgenommen. Über die Vorbereitungen zu diesem Treffen berichtet der Bräutigam am 14. Juli aus Ebern:

»(Ich) überraschte mein Mütterchen mit den Grüßen und Küssen ihres neuen Töchterchens. Es war ihr wie ein Stein vom Herzen, als sie erfuhr, daß es nun weiter kein Hehlens und Geheimhaltens brauche. Sie lief gleich, mir Erfrischungen zu holen, und fragte nur noch auf der Treppe, ob Du braun oder blond seyest? Es war ihr das eine wol so recht wie das andere; sie wollte sich eben durch die Haarfarbe auf dem kürzesten Weg ein einstweiliges Bild entwerfen. Sie harrt mit Ungeduld, Dich und all die Deinigen den Sonntag über 8 Tag hier zu sehen. Da werde ich aber mein möglichstes thun müssen, um zu verhüten, daß sie nicht auf einen Tag mehr kocht, als man in 8 essen kann. Denn so ein altes Hausmütterchen glaubt seine Liebe u Freude durch nichts besser kund thun zu können, als durch Küchenaufwand. Nimm nur Dein Küchenschürzchen mit, damit meine Mutter sieht, daß Du eines hast, und ob Du es umbinden kannst ...«.[9]

Luise entsprach offensichtlich dem Bild einer zukünftigen Hausfrau, denn die Schwiegereltern in spe waren begeistert von ihr, und Luise war so dankbar für den freundlichen Empfang in Ebern, daß sie in ihr Tagebuch schrieb: »Ich will den Tag wo Du mich, Deine Braut, in das Haus Deiner Eltern führtest merken.«[10]

Um das Verlöbnis zu bekräftigen, schenkte Rückert seiner Luise schönen Schmuck, vielleicht alte Familienerbstücke. In ihrer Bescheidenheit hat sie zunächst Skrupel: »Wie lange ich überlegte u wählte, ob es auch nicht unzart sey, den mir von dir gegebenen Schmuck zuzueignen? u doch fühlte ich deutlich daß ich ihn nicht ohne große Schmerzen missen könne. So habe ich den Ausweg endlich gefunden, ihn in ein stilles, heimliches Schränkchen zu legen, was nur Dir u mir offen seyn soll.«[11]

Den Liebesfrühling, der sich im Frühjahr und Sommer 1821 in Coburg und der Idylle auf dem Gut Neuses entfaltete, kennen wir durch Rückerts Gedichte, die allerdings selten einen konkreten Anlaß erraten lassen. Viel direkter sind die Briefe an die Braut vom Sommer und Herbst des gleichen Jahres. Auch von Luise haben wir einige Liebesbriefe, ferner ein Tagebuch, wo, zwischen die Gedichte des Geliebten eingestreut, ihre Gedanken über die Liebe im allgemeinen und über die zu ihrem Rückert im besonderen zu lesen sind.

Wie ging Luise mit dieser Verherrlichung um, die ihr in den Gedichten des Liebesfrühlings zuteil wurde? Was empfand sie, wenn der geliebte Mann ihr zurief:

Du meine Seele, du mein Herz,
Du meine Wonn', o du mein Schmerz,
Du meine Welt in der ich lebe,
Mein Himmel du, darein ich schwebe,
O du mein Grab, in das hinab
Ich ewig meinen Kummer gab!

Du bist die Ruh', du bist der Frieden,
Du bist der Himmel mir beschieden.
Daß du mich liebst macht mich mir wert,
Dein Blick hat mich vor mir verklärt,
Du hebst mich liebend über mich,
Mein guter Geist, mein beßres Ich![12]

Wir hören diese Worte im Geiste mit der wunderbaren Melodie, mit der Schumann sie unsterblich gemacht hat. Luise hörte sie von der Stimme des Geliebten vorgetragen. Natürlich war sie geschmeichelt, ja überwältigt:

»Du hast das unbedeutende Mädchen geschmückt wie eine Königinn,« vermerkt sie in ihrem Tagebuch, fügt aber sogleich hinzu: »Fürchte darum aber nicht, daß sie stolz werden wird.«[13]

Dank ihres gesunden Menschenverstandes und ihrer guten Menschenkenntnis kann sie wohl unterscheiden zwischen dichterischem Überschwang und den realen Gegebenheiten. An anderer Stelle schreibt sie in ihr Tagebuch: »O du mein Freund, mein alles! Du schmückst mich zu reich, viel, viel mehr als ich verdiene.«[14] Die ihr eigene Nüchternheit und Selbstkritik bewahrte sie vor Hochmut und half ihr, die an sie gerichteten Hymnen richtig einzuordnen. Die Gedichte des Liebesfrühlings, so schön und schwungvoll sie sind – sie haben ja nicht umsonst unzählige Komponisten zu Vertonungen angeregt –, sind doch mehr an die Liebe allgemein gerichtet als an eine bestimmte Geliebte. Da ist es ein Glücksfall, daß wir Rückerts Liebesbriefe besitzen, die uns beweisen, daß Luise für ihn keine ferne Liebesgöttin war, der er huldigte, sondern ein Wesen aus Fleisch und Blut, nach dem er sich sehnte, wenn er fern von ihr sein mußte: »Nur zwey Worte für heute, liebes Herz! Es ist gerade die Nachmittagsstunde, die ich noch vor kurzen Tagen so weichlich auf dem Neuseser Sofa zubrachte; und nun soll ich sitzen und schreiben, weil die Böthin kommt, es ist ein recht betrübter Wechsel. Ich weiß nicht, wie es ist, ich habe mich noch gar nicht recht drein gefunden, mich schriftlich mit Dir zu unterhalten; es fällt mir immer ein, daß es mündlich viel schöner wäre, wenn ich Dich dabei in Arm nehmen und küssen könnte ...«[15]

Und an anderer Stelle: »Lebe wohl liebe Seele! Es ist mir doch nie ganz wohl, als wenn ich Dir in die treuen Augen sehe, und Dich in meinen Armen halte ...«[16]

Ein in der ersten Begeisterung gegebenes Versprechen hat er tatsächlich eingehalten: »Aber ich werde gewiß von nun an bis in Ewigkeit nie aufhören können, von Dir zu empfinden, und folglich auch von Dir zu dichten.«[17]

Einige weitere Briefstellen sollen noch als Beweise angeführt werden:

»Es ist mir zwar, um Dich zu lieben, wie Du weißt, unnöthig, daß Du schön seyest, so unnöthig als daß Du reich seyest. Doch ist beides eine angenehme überflüssige Zugabe, die wir nicht verschmähen wollen, eben so wenig, als über ihren Verlust uns grämen ... Theure Seele! Sey doch ja ruhig, und mache Dir keine unnöthigen Sorgen, über nichts und auch nicht über mich, dessen Du ja in jeder Hauptsache so sicher bist, wie ich Deiner.«[18]

»Diese reinen Überwallungen des Gefühls, die mich so tief und bestimmt fühlen lassen, was ich freilich schon weiß, wie Du mich liebst, sind es eigentlich, was mir wie Balsam wohl thut, in den wunden Stunden, wo ich mich zuweilen mit dem Zweifel nage, ob das was ich Dir gebe, auch dem die Wage halte, was u. s. w …«[19]

»Nicht wahr, Du zitterst davor, doch hoffentlich nur vor Freude, wie ich, wenn ich daran denke, daß Du nun wirklich in weniger als 8 Tagen meine Frau bist.«[20]

Wie damals üblich, ließ sich Luise für den Bräutigam malen, und zwar von Rückerts Freund aus den Tagen in Italien, dem Kupferstecher Carl Barth. Es ist, außer einer Bleistiftzeichnung von 1817, leider das einzige Porträt, das von ihr überliefert ist. In dem Begleitbrief schrieb sie: »Hier, lieber Rückert, weil Du nicht kommen konntest, komme ich zu Dir, wenn auch nur gemalt. Ich bin neugierig wie Du u die Deinigen das Bild getroffen finden; ich selbst kann darüber nicht urtheilen, die meisten finden es zu stark u dunkel gehalten. Du wirst schon wissen, wie man es nehmen muß, damit das rechte Licht darauf falle. Behalte es, wenn Du willst, bis es Dir unnütz wird, das heißt: bis du das Original bey Dir hast.«[21]

Das Brautpaar hatte zwar durchaus Gelegenheit, zusammen zu sein, aber Rückert, der sich um eine Anstellung bemühte, war doch auch oft unterwegs. Wir haben diesen kurzen Trennungen die schönen Liebesbriefe zu verdanken, aber die arme Luise litt jedesmal Qualen, wenn der Geliebte fern war. Und daß Reisen auch damals äußerst gefährlich sein konnte, wird aus einem Brief deutlich, den Rückert am 17.5.1821, einen Tag nach seinem 33. Geburtstag, aus Ebern an die Braut schrieb: »(Wir wurden) ½ Viertelstunde vor Ebern, umgeworfen, und zwar auf eine halsbrecherische Weise, daß der Wagen sich zweimal überschlug, und alles auf den Kopf zu stehen kam, außer ich, der ich, vom umwerfenden Wagen in Schwung gesetzt, halb hinausspringend, halb geschleudert, mit den Händen vorwerts in den sanften Koth mich bettete ... Wir beiden konnten den Wagen nicht wieder auf die Beine bringen, ich ließ den Kutscher dabey, u steuerte zu Fuß nach Ebern, um Leute hinauszuschicken ... Liebe Luise! solchen Nöthen hat Ihr Freund sich ausgesetzt bey den ersten Schritten von Ihrer Seite. Das soll ihm wohl eine Lehre seyn, nie mehr von Ihnen zu gehn.«[22]

Es blieb allerdings bei den guten Vorsätzen, wie ein Gedicht zeigt, das Luise in ihrem Tagebuch festgehalten hat:

Hat es etwa dich verdrossen
Daß ich, da der Abschied drängte
Jede Stunde nicht genossen
Die der Himmel uns verhängte?

Daß ich einsam manche Stunde
Mich von dir aufs Zimmer setzte
Statt mit deinem süßen Munde
Mich, mit deinem Auge, letzte?

Weil ich bey dir sollte bleiben
Wenn man mich von hinnen triebe,
Darum saß ich, dir zu schreiben,
Was ich dir nicht sprach von Liebe.

Ja du siehst an jedem Blatte,
Daß in jeder jener Stunden,
Wo der Freund sich dir entwunden,
Dichtend er im Arm dich hatte.[23]

Auch Luise kann von einer kritischen Situation berichten, die sie unterwegs erlebt hat: »Ich weiß doch, daß es Dir lieb ist, wenn ich Dir, Du geliebtes Herz, Nachricht von unserer glücklichen Hieherkunft durch einige Zeilen gebe. Beinahe wäre uns ein widriger Zufall begegnet, indem auf dem schlimmsten, schmutzigsten Weg bey Merzb. eine Eisenschlinge am Wagen sprang, so daß dieser in Gefahr war, niederzusinken. Während nun der Kutscher mit Hülfe einiger Männer die Hemmkette statt Schlinge befestigte, mußten wir aussteigen, die Tante ihrer Socken wegen lamentirend, ich aber allein u beruhigter vorausgehend oder vielmehr rutschend auf dem Lehmboden, oft, mit bittrer Sehnsucht nach Ebern u Dir zurücksehend.«[24] Um sich während Rückerts Abwesenheit sinnvoll zu beschäftigen und sich vom Trennungsschmerz abzulenken, lernte Luise Italienisch. Am 2.11.21 schrieb sie dem Freund sogar einen Brief in der neu erlernten Sprache: »Mio caro amico!« Sie ist sehr stolz auf ihre Fähigkeit, fährt aber dann doch im vertrauten Deutsch weiter: »Schreibe ich nicht einen kostbaren italienischen Brief? Du siehst doch, daß ich's nicht liegen lasse. Gestern kam ich Abends dabey so in Eifer, daß ich fast 3 Stunden darüber sitzen blieb, bis beynahe 11 u ich erst fühlte, daß es in der Stube kalt u ich erstarrt war.«[25]

Zunächst sollte die Hochzeit im Spätherbst stattfinden, aber es gab immer wieder Verzögerungen, nicht zuletzt deshalb, weil Rückert als »Ausländer« die Staatsangehörigkeit wechseln mußte, vom Bayrischen Königreich zog er ins Herzogtum Coburg!

Ein dauerndes Ärgernis waren die ständigen Unsicherheiten bei der Beförderung von Briefen und Paketen. Wenn man die umständlichen Überlegungen liest, die man zu den

Zeiten anstellen mußte, als es noch keine öffentliche Post gab, wird man für die moderne Einrichtung dankbar, auch in Anbetracht aller Mängel. So klagt Luise im November 1821: »Hoffentlich erhältst Du heute durch die alte betrunkene Bötin glücklich Deine übrigen Sachen. Es muß ein Irrthum seyn, daß Du glaubtest, der gestern Abend erst angelangte Bote, (der jenen Schein brachte) würde eher zurückkommen, als jene Alte.«[26]

Interessant ist die Erörterung der Kleiderfrage. Zu einer Zeit, wo man nichts von der Stange kaufen konnte, mußte man sich eingehende Gedanken machen über die Auswahl von Stoffen, über Schnittmuster und Farben, und natürlich spielte auch die Haltbarkeit eine große Rolle. In einem Brief vom 22.11. schickte Luise Stoffproben: »Eben kommen Tuchmuster v. Beyer u Hr Schneider, der behauptet, es sey weit vortheilhafter bei diesem zu kaufen als bey Schöner. Das schwarze für 8 fl (Beides auf beiliegender Karte) sagt er, sey eben so schön als das für 10. Das blaue sey köstlich zum Ueberrock ...«[27]

Die Schuhe wurden selbstverständlich auch von Hand gearbeitet: »Gestern schickte der Schuhster Deine vorgeschuhten Stiefel u ich erschrak über die abscheulich hohen Absätze, mit Hufeisen. Willst Du denn noch größer scheinen? Im ersten Schreck schickte ich gleich hin u ließ sagen er möchte mit den neuen noch warten bis ich Dich gefragt, ob Du sie so gar hoch wolltest. Beantworte mir dies u bedenke daß Du eine kleine Frau bekommst.«[28]

Wegen der Stiefel kann Rückert seine Braut beruhigen: »Es ist ganz gut, daß Du die neuen Stiefeln bis auf weiteres abbestellt hast; ich habe in Ebern noch ein Paar neue gefunden und brauche gar keine weiter.«[29]

Für den Dichter, der sich nie um die gerade herrschende Mode kümmerte, der zeitlebens die altdeutsche Tracht trug, der das wallende Haupthaar ungebändigt auf die mächtigen Schultern fallen ließ und für den es ein Greuel war, sich in einen Frack zu zwängen, waren diese äußeren Dinge nicht nur unwichtig, sondern ausgesprochen lästig und unbequem. Umso mehr wird sich seine Mutter mit der Frage der Garderobe beschäftigt haben, war es doch für sie die große Hoffnung, den unkonventionellen Sohn wenigstens in diesem Punkt in bürgerliche Bahnen zu lenken. Allerdings beschließt der Sohn, seinen Stil beizubehalten, und hofft darauf, die Braut auf seiner Seite zu haben: »Mein Vater hat mir auch einen schwarzen Braut- und Bratenrock mitgebracht, sie bestehn darauf, es soll ein Frack werden. Aber wenn Du noch eines Sinnes mit mir bist, so soll es doch ein altdeutscher werden. Schreibe mir darüber.«[30]

Neben den Eltern Fischer gab es noch jemanden, der nicht glücklich war über Luises Wahl. Das war ihr um ein Jahr älterer Bruder Carl. Rückert bemerkt dazu in einem Brief: »Also der Bruder Carl hat es übel vermerkt, daß wir ihn nicht in die Unterhandlung gezogen? Schreibe ihm doch, daß wirs eben ganz unter uns zweyen abgemacht, und daß es Deinen Eltern ebenso ergangen, wie ihm. Doch nein, wir wollen ihm lieber zusammen einen recht herzlichen Brief schreiben, wenn ich wieder in Neuses bin.«[31]

Luises Bruder Carl Wiethaus-Fischer hatte die Offizierslaufbahn eingeschlagen. Über diesen Onkel berichtet uns seine Nichte Anna: »Onkel Karl war ein sehr schöner Mensch mit – für einen Mann – fast zu regelmäßigen Gesichtszügen. Wir Kinder waren ihm aufs zärtlichste zugetan.

Der Hauptwesenszug des Onkels war seine übergroße Weichheit um nicht zu sagen: Willensschwäche. Er besaß weder etwas von dem feinen frischen Humor der Mutter noch von der leidenschaftlichen Energie der Großmutter. Seine Frau, eine geborene von Bülow steht in meiner Erinnerung als große, sehr ernsthafte Gestalt.«[32]

Allen Unbilden zum Trotz rückte der Termin der Hochzeit näher. Am 22.11. schrieb Luise an ihren Bräutigam in Ebern: »Der Vater hat vom Hofprediger heute erfahren, daß unsrer Trauung auf keinen Fall etwas im Wege stünde, jener Sonntag vor Weihnachten, ist aber, wie wir schon dachten, noch Advent, also kein Trautag.«[33]

Luise war zu dem Zeitpunkt gerade 24 Jahre alt geworden. Sie hatte schon früher Verehrer gehabt. Auch Rückerts Freund Christian Stockmar (1787–1863), der väterliche Berater von Prinz Albert, hatte sie umworben und blieb ihr zeitlebens in Freundschaft verbunden. Aber Rückert war der erste Mann, dem sie ihre Liebe schenkte:

Ich frage meine Herzgeliebte
Wie mancher sie schon vor mir liebte,
Wie manchen sie vor mir geliebt?
Worauf sie mir die Antwort giebt:
Wenn das, wie du mich liebst, ist Liebe,
Wenn Lieb' ist das, wie ich dich liebe,
So hab' ich keinen noch geliebt,
So hat mich keiner noch geliebt.[34]

Luise war zwar sehr behütet aufgewachsen, hatte aber doch auch das Leben auf dem Dorf kennengelernt, wo das junge

Mädchen mit seiner guten Beobachtungsgabe reichlich Gelegenheit hatte, sich mit den »Tatsachen des Lebens« vertraut zu machen. Sie ging also nicht so harmlos und unbedarft in die Ehe wie manche ihrer Zeitgenossinnen aus der Ober- und Mittelschicht. Daß sie sich auf diesen wichtigen Schritt, der für Frauen ihrer Generation und Konfession die einzige Möglichkeit bot, ein erfülltes Leben zu führen, auch innerlich vorbreitete, zeigt ihr Tagebuch, das voll ist von guten Vorsätzen: »Wenn dein Mann verdrüßlich ist, oder sonst dir etwas zuwider, so stehe nur nicht u jammere u klage über das Leben, über das Schicksal oder mache hypochondrische Gesichter, dadurch wird sich der, dem du das Leben erheitern sollst, immer mehr von dir wenden. Das einzige was helfen kann, ist: muthig u klar drein geschaut, u in sich hinein was da wohl weg zu schaffen wäre, was dem geliebten Mann zuwider wäre. Vor allem aber hinauf zu Gott, der sagt dir schon das Rechte, wenn du nur immer hören wolltest.«[35]

Sie war der festen Überzeugung, daß eine Frau viel zum Gelingen einer Ehe beitragen kann, daß sie durch Klugheit den Mann lenken kann, und sie war sich der Tatsache bewußt, daß ihr Rückert nicht irgend ein Mann war, sondern ein großer und bedeutender Dichter und Gelehrter, der ihrer Hingabe wert und würdig war. So sehnt sie auf der einen Seite die Verbindung herbei, auf der andern kommen ihr auch Bedenken: »Es ist viel gewagt sein ganzes Schicksal in die Hände eines Mannes, eines Menschen zu legen.«

In diesen wie in vielen andern Situationen ihres Lebens hilft ihr der feste Glaube: »Ich bin ruhig, weil ich weiß daß mein Gott mich führt u er das Herz, das mich liebt, lenken wird.«[36]

Auch Rückert, der bei seinen Eltern im Amtshaus in Ebern die Wochen vor der Hochzeit verbringen muß, wird nervös. Vor allem ärgert ihn die damalige Sitte, daß er sich nicht in der Nähe seiner Braut aufhalten darf: »Es ist seltsam! In dieser Jahreszeit, wo ich, wie jeder der es kann, immer die Stadt suchte, wie vorm Jahr auch, muß ich nun hier sitzen, und wegen einer Braut, bei der ich gern wäre, und die doch wohl auch mich gern bei sich hätte, ganz widersinnig nicht blos mein Logis, sondern selbst meinen Wohnort meiden. Der Spaß fängt an, über seine Grenzen zu gehen. Dazu habe ich heute wieder bei Tisch von Schuhen u Frack reden hören müssen, daß es mir den Apetit verdorben. Die verehrungswürdigen Eltern beiderseits wollen, so scheint es, recht methodisch, ein unsichtbares Netz von Convenienzien und Quälereyen über mich zusammen ziehen, aus dem ich keine Rettung sehe, als daß ich nächstens, sobald ich Herr geworden, Dich aufpacken, und irgendwohin ziehe, wo uns der Plunder nicht anficht ...« Sein einziger Trost: »In 8 Tagen ist alles vorbey, so sag' ich mir, und auch meine Verstimmung ist vorbey.«[37]

Am 26.12.1821 fand dann im Hause Fischer in Coburg die Trauung statt.[38] Im oberen Stockwerk war für das junge Paar eine Wohnung eingerichtet worden, die der junge Ehemann einem Freund begeistert schildert: »Unser Wohnzimmer ist dasselbe, wo ich vorigen Winter als Junggeselle allein gewohnt. Nachdem die alten Meubels darin neuen haben Platz gemacht, ein Blumenbrett und ein Vogel am Fenster hinzugekommen, ist das Lokale wie umgezaubert. Wir haben unsern Mittags- u Abendtisch für uns, doch nicht ohne Unterstützung der schwiegermütterlichen Vorrathskammern. Meine Frau entwickelt herrliche Haushalt- u Küchentalente; und auch mit meiner Schwiegermutter bin ich über Erwartung zufrieden, daß sie sich nicht im geringsten in unsere Angelegenheiten melirt ...«[39]

Luise Magdalene Fischer war zwar gegen diese Ehe gewesen, aber sie war klug genug, sich nun mit den Tatsachen abzufinden. Daß Luise immer wieder zwischen der Mutter und dem geliebten Mann vermitteln mußte, zeigen zahlreiche Briefe aus der Braut- und Ehezeit: Am 30.10.21 bat sie den Bräutigam: »O liebes Herz! es war in mir eine so gar stille, ruhige Heiterkeit, durch das Bewußtseyn, daß Du mir nahe, wenn auch auf Deinem Zimmer, wärest. Das ist nun vorbey, aber nur für kurze Zeit, bald kommst Du mir wieder, aber nicht wahr? ohne Aerger. Der hat mich gestern noch recht beherrscht, wenn ich Deinen leeren Platz am Tisch, Abend auf dem Sofa sah, aber nun ist er weg, weil die Mutter sanft gesprochen u gesagt hat daß sie wohl gefehlt habe, Du aber wohl auch etwas zu heftig gegen die Mutter Deiner Braut gewesen seyest. Einem guten Wort kann man doch niemals widerstehn. Rückert! Wirf den Groll von Dir, heftige Menschen sprechen schlimmer, als sie' s meinen.«[40] Und kurze Zeit später: »Ich wollte Du u die Mutter sprächen sich, ehe Du ganz herauf ziehest, hoffentlich wird dann von beiden alles vergessen seyn, denn ich begreife wenigstens nicht, wie man so lange grollen kann ...«[41]

Friedrich Rückert war 33 Jahre alt, als er den Bund fürs Leben schloß. Er hatte in seiner Jugend schon andere Damen angedichtet. Die Namen sind uns bekannt: Agnes Müller, die Tochter eines Justizamtmannes aus dem benachbarten Rentweinsdorf, das von Ebern aus auf einem Spaziergang zu erreichen war, übte eine große Anziehungskraft auf den jungen Dichter aus. Als sie mit 17 Jahren starb, widmete er ihr eine »Todtenfeier«.

War diese Liebe rein platonisch, so besang er Marie Luise Geuß, die Wirtstochter des Gasthauses zur »Specke« im Baunachgrund, in »Amaryllis, ein Sommer auf dem Lande« mit recht deftigen Sonetten.

Friederike Heim, eine 23jährige Pfarrerstochter aus Effelder, verärgerte er durch die Veröffentlichung der »Heimwehlieder«. Sie hat dann später einen hohen Verwaltungsbeamten, Georg Wilhelm Kessler, geheiratet. Daß sie den ehemaligen Verehrer nicht vergessen hat, zeigt uns Rückerts jüngste Tochter Anna, die in ihren Erinnerungen den Besuch dieser Dame in Neuses schildert: »Marie öffnete ihr die Türe. Sie war auch dabei, wie die derbe, blühende, in Seide rauschende Friedericke der kleinen zierlichen, im einfachen Hauskleidchen so vornehm wirkenden Mutter gegenüberstand. ›Na Vater, nimm es mir nicht übel: Du hast aber einen mordsschlechten Geschmack gehabt!‹ sagte Marie, als der Besuch gegangen war in ihrer unbekümmerten Weise zum Vater. Der hätte es auch nicht übel genommen, sondern herzlich darüber gelacht ...«[42]

Auch während seines Aufenthalts in Italien 1817/1818 hatte der Dichter schöne Mädchen kennengelernt. Wie weit diese Begeisterung jeweils führte, können wir nicht beurteilen, ja nicht einmal unbedingt aus den Werken erschließen, da man bei einem Dichter, dem die recht offenherzige lateinische Liebeslyrik geläufig war, auch in der Poesie mit Nachahmungen rechnen muß. Das Schicksal, daß man immer wieder versucht hat, ihm uneheliche Kinder nachzuweisen, teilt er mit vielen bedeutenden deutschen Geistesgrößen. Wir müssen uns vor Augen halten, daß bürgerliche junge Menschen damals einer sehr strengen Sozialkontrolle unterworfen waren und daß es, wenn man sich nicht in einem Heuschober oder einem »Chambre separée« treffen konnte, gar nicht so leicht war, intime Verhältnisse herbeizuführen. Die Mädchen aus »gutem Haus« wurden außerdem so streng bewacht, daß sie praktisch tabu waren, und bei den leichten Damen bestand immer die Gefahr, sich mit Syphilis anzustecken, einer Seuche, die in ihren Auswirkungen mit Aids verglichen werden kann.

Die Jahre vor der Eheschließung waren für Rückert von großer Unrast erfüllt gewesen. Im Jahr 1805 war der 17jährige mit einem blendenden Zeugnis zum Jurastudium nach Würzburg gegangen. Aber wie er mit seiner Größe das Normalmaß überschritt, so war er auch sonst schwer in ein Schema zu pressen. Bald gab er die Juristerei auf, die er wohl dem Vater zuliebe begonnen hatte, studierte Theologie und vor allem Sprachen, Sprachen und noch einmal Sprachen. Man kann ihn als Sprachgenie bezeichnen. Seine Begabung lag einmal darin, sich die östlichen Sprachen mit den damals äußerst bescheidenen Hilfsmitteln anzueignen, darüber hinaus aber, und das ist noch eindrücklicher, sie als Dichter zu erfassen. Seine Nachdichtungen vor allem aus dem Arabischen, dem Persischen und dem Sanskrit sind auch heute noch unübertroffen. Rückert hat nie einen Araber, Perser oder Inder gesehen, geschweige denn gesprochen oder sprechen hören. Trotzdem hat er die Poesie dieser Völker erfaßt, wie kaum ein Fremder vor oder nach ihm.

Um zu dieser Sprachbeherrschung zu gelangen, war bei

aller intuitiven Begabung auch ein ungeheurer Fleiß und mühsames Arbeiten nötig. Nach einer Promotion und Habilitation in Jena bot sich für den 24jährigen Gelehrten eine Universitätslaufbahn an. Er gab aber diese Karriere nach kurzer Zeit auf, versuchte sich ohne großen Erfolg als Redaktor beim Stuttgarter Morgenblatt, reiste viel und trieb seine Studien. Auch Coburg war zunächst nur als kurzer Studienaufenthalt gedacht. Die herzogliche Bibliothek mit ihren über 60 000 Bänden war ein starker Magnet, ebenso viele interessante Gesprächspartner, unter ihnen der Arzt und Staatsmann Christian Stockmar, den er schon fast zehn Jahre früher gebeten hatte: »Ich erbitte mir durch die umgehende Bötin wenigstens Bücher, Bücher, Bücher, welche es immer seyn mögen.«[43] Stockmar stellte später auch eine Verbindung zum englischen Prinzgemahl her, der ihm eine Büchersendung aus London zukommen ließ: »Vater ist wohl u grüßt euch vielmals, er hat gestern eine Kiste mit werthvollen orientalischen Büchern von England v. Prinzen Albert erhalten, die ihn sehr freuen.«[44]

Nun hatte er in Coburg wider Erwarten eine feste Bleibe gefunden:

Ein Obdach gegen Sturm u Regen
Der Winterzeit
Sucht ich u fand den Himmelssegen
Der Ewigkeit.
O Wort, wie du bewährt dich hast:
Wer wenig sucht, der findet viel.
Ich suchte eine Wanderrast
Und fand mein Reiseziel.[45]

Für Rückert war die Eheschließung wie das Einlaufen in einen sicheren Hafen. Er hatte in eine angesehene und gutsituierte Familie eingeheiratet und hatte zusammen mit einer Frau eine Heimat gefunden, der er für den Rest seines Lebens, auch in Zeiten, wo er aus beruflichen Gründen fern sein mußte, immer treu blieb. Am 18.2.1822 schrieb der junge Ehemann an seinen väterlichen Freund Christian Freiherr von Truchseß auf die Bettenburg: »Ich habe erst das Wasser einige Zeit die in diesem Winter nicht gefrorne Itz hinunterlaufen lassen wollen, eh ich Ihnen schreibe, wie mir der neue Ehestand bekäme. Nun kann ich mit gutem Gewissen sagen, daß er mir's treflich thut. Ich hätte wirklich nicht geglaubt, daß es mir so gar viel wohler werden könnte, als es mir sonst, selbst in meinen besten Stunden war. Nachdem wir Besuche und Gegenbesuche glücklich besorgt, leben wir in unserm kleinen Haushalt, dessen angenehme Sorgen meiner Frau genug frey lassen, um mit mir zu lesen und zu tändeln. Unser Italienisches hat guten Fortgang. Jetzt lesen wir Lavaters Leben …«[46]

Dem Gefühl dieser ersten Zeit der Ehe entspricht ein Gedicht aus dem Liebesfrühling:

Ich dachte, daß ich wäre
Ein Ganzes wohl,
Gerundet eine Sphäre
Von Pol zu Pol.
Wie halb ich war, empfunden
Hab' ich durch Dich;
Nun haben erst gefunden
Zwei Hälften sich.[47]

Daß auch Luise ihr Glück in der Ehe gefunden hatte, können wir aus einem Brief ersehen, den sie im November 1822 an ihren Mann schrieb, der zu Gast bei dem Freund Truchseß auf der Bettenburg weilte: »Mein guter, Herzens-Mann! Ich kann den Kutscher doch nicht fortlassen ohne ihm ein ganz kleines Briefchen an Dich mitzugeben ... Liebes Herz! ich möchte nicht lange ohne Dich bleiben, u ganz u gar ohne Dich in der Welt seyn, ach Gott! das könnte ich nun wirklich nicht mehr.«[48]

Aus den ersten Ehejahren haben sich nur wenige Briefe von Luise erhalten. An wen hätte sie auch schreiben sollen? Der Mann saß an seinem Schreibtisch, die Eltern lebten im gleichen Haus, die Freundinnen in der Nähe.

Über die Zeit der jungen Ehe berichtet die Tochter Anna: »Luise zeigte sich bald als tüchtige, sorgsame Hausfrau; war sie doch bei ihrer Mutter in einer vortrefflichen Schule gewesen u. verstand das Kochen, Backen u. die Führung eines Haushalt's aus dem Fundament. Es waren glückliche Zeiten, die das junge Paar hier verlebte. Der Gatte, der ja keinen festen Beruf hatte, war schriftstellerisch sehr thätig ... Der innige Verkehr im elterlichen Hause u. mit den befreundeten Familien der Stadt, fleißige Spaziergänge in die schöne Umgebung Coburg's boten Unterhaltung genug. Im Sommer zog das junge Paar mit den Eltern nach Neußes.«[49]

Am 14.2.1823 wurde der erste Sohn geboren: Karl Albrecht *Heinrich* (1823–1875). Die Freude der jungen Eltern war groß, noch größer war der Stolz des Großvaters in Ebern über den Stammhalter. Als Luise von gesundheitlichen Problemen berichtete, gab er aus der Ferne gute Ratschläge: »... daß dieser seine Anfechtung mit Blähungen hat, die wohl zum Theil von der lieben Mutter, nach Umständen genossenen Speise u Getränken (junges Bier) aber eben so wohl von dem Zuller und dem Wasser-Brey, woran das Wasser nicht tüchtig verkocht ist abstammen mögen, daher mit dünner Fleischbrühe, u Milch-Brey abzuwechseln seyn möchte, iene in einer schlichtig gekochten Weck-Suppe ...«[50] Ob sich Luise an diese Diät für den Kleinen gehalten hat, ist nicht überliefert.

Knapp 14 Monate später, am 10.4.1824, lag der zweite Sohn in der Wiege: *Karl* Sabin Amadeus (1824–1899). Bei ihm werden schon weniger Umstände gemacht. Eine kurze Abwesenheit des Mannes nützte Luise aus, um die Wohnung, vor allem das Studierzimmer, gründlich sauber zu machen: »Deine Stube ist gescheuert u die Bücher habe ich selbst gestäubt u geordnet. Ich hätte gar nicht gedacht, daß es so viel Staub auf der Welt gäbe ... Ich würde mir einbilden, ich schriebe wieder (wie) vor 3 Jahren um diese Zeit, an meinen Bräutigam wenn ich nicht die 2 Buben vor Augen hätte ...«[51]

Ein halbes Jahr später, im Mai 1825, schreibt sie ihm: »Du Herzensmann! Es ist freilich schon spät, u wenn Du da wärest, sagtest Du: mach daß Du ins Bett gehst, aber eben weil Du nicht da bist, will ich noch ein klein bischen aufbleiben u Dir schreiben ...«[52]

Als am 23.2.1826 der dritte Sohn Emil *August* Theodor (1826–1880) zur Welt kam, gab es für die junge Mutter kaum noch Mußestunden, und das Logis, das Rückert so begeistert geschildert hatte, wurde allmählich zu eng. Da war es eine glückliche Fügung, daß Rückerts große wissenschaftliche Verdienste auch von offizieller Seite anerkannt wurden. Am 12.7.1826 sandte das Prorektorat der Königlich Bayrischen

Universität zu Erlangen ein Schreiben an den Dr. Rückert in Coburg: »Durch ein Reskript des Staatsminister des Innern d. d. München 1. Jul. d. J. ist dem akademischen Senat unsrer Universität eröffnet worden: daß Se. K. M. nicht ungeneigt seyen, dem Herrn Dr. Fr. Rückert dermalen zu Coburg die Professur der orientalischen Sprachen an unsrer Universität mit dem etatsmäßigen jedoch theilweise in Getreid zu bestimmenden Gehalte zu verleihen wenn zuvor förmlich nachgewiesen seyn würde,

1. daß Hr. Dr. R. in Bayern gebürtig und
2. protestantischer Religion sey, auch
3. Theologie studirt habe ...«[53]

Nachdem alle diese Punkte zur Zufriedenheit geklärt waren, bot man Rückert am 10.10.1826 die lang ersehnte Lebensstellung an. Der Ruf an die Universität Erlangen wurde ihm vom Senat in einem feierlichen Schreiben mitgeteilt: »Dem Herrn Dr. Fr. Rückert eröffnen wir, daß Se. Königl. Majestät durch allerhöchsten Rescript vom 3. Oct denselben zum ordentl. Professor der orientalischen Sprachen mit einem Gehalte von Eilfhundert Gulden an Geld zwei Scheffeln Waizen und sieben Scheffeln Korn zu ernennen geruht haben ...«[54]

Es war sicher von Vorteil, daß Rückert in Rom König Ludwig persönlich begegnet war. Auch Erlangen war Rückert von früheren Besuchen her bekannt. Luise hatte wohl kaum Erinnerungen an ihren kurzen Aufenthalt, wußte aber doch von der Mutter manches über das Leben in dem Ort an der Regnitz.

Erlangen war schon unter Kaiser Karl IV. im Jahr 1362 zur Stadt erhoben worden. Es erlebte dann, wie viele Niederlassungen in Franken, durch die Zeit der Religionskriege große

Verluste an Menschen und Gebäuden. Erst als Markgraf Christian Ernst von Bayreuth 1686 Hugenotten aus Frankreich aufnahm und ihnen in dem neugebauten Ortsteil Christian-Erlang eine Heimat anbot, gab es einen Aufschwung. Die Universität war dann 1743 von Markgraf Friedrich, dem Mann der Wilhelmine von Preußen, gegründet worden. Nach der Abdankung des letzten Markgrafen kam Erlangen 1792 zu Preußen und in der Folge der Napoleonischen Gebietsreform von 1810 zum neugeschaffenen Königreich Bayern. Das katholische München hatte allerdings kein großes Interesse an den protestantischen Erlangern, und 1818 wäre die ungeliebte Hochschule in Franken geschlossen worden, wenn man sie nicht als Ausbildungsstätte für die lutherischen Geistlichen gebraucht hätte. So ließ man sie zwar bestehen, sparte aber an allen Ecken und Enden, was vor allem die Professoren bitter zu spüren bekamen. Luise Rückert stöhnt einmal: »O König! an uns armen Teufeln wirst Du reich werden!«[55]

Schon im Wintersemester 1826/1827 sollte Rückert mit den Vorlesungen beginnen. So bewegte sich Mitte November der Möbelwagen vom Fürstentum Coburg durch eine gestrenge Maut ins Königreich Bayern. Vorher galt es noch, die bayrische Staatsangehörigkeit zu erwerben, was aber, da Rückert gebürtiger Bayer war, keine allzu großen Probleme aufwarf. Von einem Freund, der gerade im Begriff war, Erlangen zu verlassen, konnte Rückert einige Haushaltsgegenstände erwerben: »... ich kann brauchen Speise- u. Kleiderschränke, einige Tische von gemeinem Holze zu Eßtischen p u dgl. Stühle (12 gute bringe ich mit), Zuber, Butte, u dgl ... Auch ein Soffa kann ich noch brauchen, wenn Du ein noch brauchbares zurücklässest. Ferner das Schreib- u Arbeitsgeräthe, das Du nicht transportirst. Ich bringe für mich nichts mit als einen Sekretär, brauch also noch einige Arbeitstische, Pulte u Büchergestelle. Wenn Du selbst dieses Gerümpel mitnimmst, so bestelle nur einstweilen bei einem Schreiner einen Tisch u Pult, beides nach dem Maße derjenigen die ich bei Pr. Puchta gesehen, die mir schon in der Größe passen, aber nur aus gemeinem Holz ohne Firniß.«[56]

Am 3.12.26 schrieb Luise ihren ersten Brief aus Erlangen an die Mutter: »Geöffnet hat die Mauth uns nichts, aber sie kommt auf 25 fl. (Gulden). Reisegeld ist R. abgeschlagen worden, zur allgemeinen Verwunderung, unter dem Vorwand, er habe einige Monate voraus Besoldung ... Gestern haben wir das schwere Visitengeschäft begonnen, u müssen es noch eine Weile fortsetzen. Es macht meinem Mann zu viele üble Laune ...«[57]

Sommer

Der Liebesfrühling ist dem Sommer gewichen, wo Gewitter nicht ausbleiben. Luise war 29 Jahre alt und erwartete das vierte Kind. Zum ersten Mal in ihrem Leben war sie ganz auf sich allein gestellt. Die mütterlichen Vorratskammern standen ihr nicht mehr zur Verfügung, und auch als vertraute Ratgeberin und Kinderfrau fiel die Großmutter aus. So klagte Luise schon nach kurzer Zeit: »Gott weiß, wie ich mich oft plage u ärgre mit den Buben, die ich kaum bändigen kann. R kümmert sich wenig oder Nichts um sie, hinaus können sie nicht, u so liegen sie mir beständig auf dem Hals ...«[58]

Zum Glück fand sich bald eine mütterliche Freundin in einer Jugendgefährtin der Mutter: »Eine sehr willkommene Stütze fand die junge Frau Professor ... an der verwittweten Frau Amtmann Zerenner, einer herzen'sguten, sehr erfahrenen Frau, welche bald die stets hilfsbereite Hausfreundin wurde. In gesunden wie in kranken Tagen, bei Tag u. Nacht, war sie stets hilfsbereit u. immer heiter u. guten Mutes.«[59]

Zur Geburt des vierten Kindes wollte Luise aber doch gerne in die vertraute Umgebung zurückkehren. So bat sie im März 1827 die Mutter: »So schreibe mir auch bald, ob Du Dich weigern wirst, mir im kritischen Augenblick, im Juny, zur Seite zu stehn? ... Da meine Wochenbetten bis jezt immer so glücklich waren u die Jahreszeit so günstig ist, rechne ich drauf, nach 4–5 Wochen ... mit Dir u der ganzen Kinderpastete reisen zu können, die Ferien haben da noch nicht für R. begonnen, doch wollte er ohnedem erst nachkommen u michs also länger genießen lassen. Die Kinder bringen wir unter, H's Bett zu Dir, die Kleinen zu mir u wenn R. kommt, Carl zu diesem, da dieser gar keine Mühe u Unruhe Nachts macht ...«[60]

Auch für Rückert war der Anfang in Erlangen nicht leicht. Er hatte 1811 in Jena promoviert und sich im gleichen Jahr noch habilitiert, hatte aber dann dem Universitätsbetrieb den Rücken gekehrt. Nach vielen Jahren des privaten Studiums mußte er nun mit fast 40 Jahren von heute auf morgen in den Lehrbetrieb einsteigen. Für sein erstes Semester hatte er folgende Themen angekündigt: Hamasa in Auswahl, Arabische Metrik, Auserlesene Psalmen, Syrische Grammatik. »Ich selbst sitze Tag u Nacht über den Psalmen, um zum neuen Jahr, wo ich zu lesen anfange, etwas leidliches aufzutischen. So muß ich nun mit aller Gewalt ein Stück von einem Theologen werden; aber ich lass' es mir wirklich einen rechten Ernst seyn«[61], schrieb er am 26.12.1826, seinem fünften Hochzeitstag, an einen Freund.

Aber nach den Anfangsschwierigkeiten gewöhnte sich die Familie in Erlangen gut ein: »Uns geht es hier gut genug, wir sind alle gesund und schon leidlich eingerichtet u eingewohnt«[62], berichtet Rückert nach kurzer Zeit, und auch Luise fühlte sich in der Heimat der Mutter bald zuhause. Es bahnte sich ein reger Verkehr mit den Kollegen und deren Frauen an, und auch hier fiel Rückert als der im wahrsten Sinn größte Erlanger im Stadtbild auf. Die Tochter Anna berichtet: »Vor dem Vater hegte ich ein aus Furcht und Bewunderung wunderlich zusammengesetztes Gefühl ... Die riesenhafte Gestalt, das schöne Gesicht mit den nicht großen, aber wunderbar ausdrucksvoll blitzenden Augen und den lang auf die Schultern niederfallenden Haaren. Die Mutter erzählte, daß, wie sie einmal in Erlangen in der Kirche saßen, sie ein kleines Mädchen ihrem Vater zuflüstern hörte: ›Du, Vater, ist das der liebe Gott?‹«[63]

Die erste Wohnung der Familie Rückert war im Haus Nr. 61, der heutigen Dreikönigstraße 1–3. Damals gab es in Erlangen für ca. 10 000 Einwohner 1000 Häuser. Am 29. Mai 1827 kam der vierte Sohn Christian Paul *Leo* (1827–1904) zur Welt. Luise hatte sich, wie geplant, zu seiner Geburt nach Neuses begeben und verbrachte dort den Sommer. Da die Erlanger Wohnung mit ihren vier Zimmern für die sechsköpfige Familie zu klein war, suchte man eine neue Bleibe und fand sie ganz in der Nähe im Haus Nr. 53, jetzt Goethestraße 5–7. Diese Straße, die früher an der Stadtmauer entlanglief, war damals die beste Adresse in der Universitätsstadt. Viele Professoren wohnten in der Nachbarschaft. Vor allem mit einem Kollegen, dem Mathematiker und Astronom Wilhelm Pfaff, der bei Rückert Sanskrit lernte, ergab sich bald ein lebhafter Verkehr. Er wohnte schräg gegenüber auf der andern Straßenseite. Im Lebensbild ihrer Mutter Pauline Brater geb. Pfaff schildert uns Agnes Sapper die Zusammenarbeit der beiden Gelehrten: »Als sein achtes Kind zur Welt kam, war Professor Pfaff mit dem Dichter und damaligen Professor Friedrich Rückert an einer gemeinsamen Arbeit, an einer Übertragung der indischen Dichtung Nal und Damajanti ins Deutsche. Da nun Rückert ebenso sparsam wie Pfaff war ... so behalfen sich die beiden Gelehrten auch mit einem Exemplar dieser Dichtung und täglich wanderte das Buch die Straße hinüber und herüber. Den Kindern der beiden Häuser, die Boten machen mußten, waren Nal und Damajanti vertraute Namen, lange bevor sie dem deutschen Volk bekannt wurden.«[64]

Den Umzug im Oktober 1827 überließ Rückert, ebenso wie alle folgenden, seiner Frau. Immerhin sorgte er sich um sie und die Buben von Schweinfurt aus, wo er die Weinlese zum Anlaß nahm, seine alten Eltern zu besuchen. Am 19.10. 1827 schrieb er: »Ich danke Dir, daß Du unter den Abhaltungen vom Schreiben, die Dir die Einrichtung in der neuen Wohnung hat verursachen müssen, mich nicht länger auf einen Brief hast warten lassen. Ohne lebhaft genug an jene Verhinderungen zu denken, wollte ich wirklich in den letzten Tagen schon etwas ungeduldig werden, daß die Nachrichten über Dein und der Knaben Wohlbefinden so lange ausblieben ...«[65]

Schon bald mußte Luise feststellen, daß ihr Mann in praktischen Dingen völlig hilflos und weltfremd war. So übernahm sie neben der Sorge für Kinder und Haushalt die Geldgeschäfte für die Familie. Zum Glück war sie trotz ihrer zierlichen Gestalt voll Energie und Zähigkeit und entwickelte mit der Zeit einen gesunden Geschäftssinn, den sie bei der stetig wachsenden Familie auch nötig hatte. Sie verwaltete die Haushaltskasse, mußte aber immer wieder feststellen: »Meine Casse ist in so miserabeln Umständen, daß ich es jezt nicht hätte kaufen können, obgleich ich die ganze Besoldung einnehme u – ausgebe ...«[66] Um zu sparen, bemühte sie sich, möglichst viele Dinge selbst herzustellen: »Vergiß auch nicht mir zu schreiben, gute Mutter genau u bald, wie Du die Mandelseife machst, die hier theuer ist ...«[67]

Natürlich verglich sie auch eifrig die Preise und dachte noch lange sehnsüchtig an die viel besseren Einkaufsmöglichkeiten in Coburg, wo die Geschäfte, wohl wegen der fürstlichen Residenz, ein wesentlich reichhaltigeres Angebot hatten. Unmittelbar nach dem Umzug schickte sie die erste Wunschliste, der im Lauf der Zeit viele folgten, wenn sie sich auch später in Erlangen besser zurechtfand und vor allem die ehemalige Reichsstadt Nürnberg als Einkaufsquelle entdeckte. So schrieb sie ihrer Mutter am 14.12.1826: »Aufgemacht wird nichts, so könnte man einen Hut Zucker, u etwas Caffee beypacken, aber doch unter andre Sachen. Laß 1 Pfund Caffee für 30 X (Kreuzer) beylegen ... laß auch 2 Pfund Tabak bey Kreyger holen, er kennt die Sorte, die R. raucht, sie kostet 45 X ...«[68]

Rückert war zeitlebens ein starker Pfeifenraucher. Er hatte zwar an seine Braut geschrieben: »... wann ich bei Dir bin, sollst Du mich durchaus nicht mehr rauchen lassen. Ich trage Dir volle Gewalt auf, es, zu meinem eigenen Besten, aufs strengste und unnachsichtigste zu verwehren.«[69] Doch Luise hat, vielleicht zu ihrem eigenen Besten, Nachsicht walten lassen. Sie befand sich darin im Einklang mit der Stadt Erlangen, die Rauchern gegenüber sehr tolerant war, wie wir einem Führer von 1845 entnehmen können:

»Wenn man sich Erlangen nähert, so ist man um Vieles besser daran, als in Berlin; man braucht nämlich seine Pfeife oder Cigarre keineswegs ausgehen zu lassen, sondern kann, wenn man will, behaglich schmauchend durch die Straßen wandern. Dieses süße Recht wenigstens, die Freiheit, zu dampfen allüberall, hat sich der Musensohn noch nicht nehmen lassen, und durch die Stürme der Zeit in die Gegenwart heraufgerettet.«[70]

Als treue Ehefrau bemühte sich Luise stets, die Wünsche ihres Mannes, die im Grunde sehr bescheiden waren, zu erfüllen. So bat sie die Eltern, als sie einen Besuch Rückerts in Coburg ankündigte: »Für R. laßt 1 Maas Milch bereit seyn. Er ist ein Milchpupel.«[71] Sehr beliebt war eine Süßigkeit, die anscheinend ganz neu war in Deutschland: »Recht ärgere ich mich von den Cacao-Tafeln nicht mehr mitgenommen zu haben, ich bekomme sie in Nürnb. nicht, u R. ist darauf versessen.«[72] Alle diese Wünsche erfüllte Luise um so lieber, als die Bescheidenheit, die Rückert äußeren Dingen gegenüber an den Tag legte, schon fast an Askese grenzte. Die Tochter Anna berichtet: »Vater war ungeheuer mäßig im Essen und Trinken. Dem riesenhaften Manne genügte Abends ein Teller Suppe, ein Ei und wenig Kompott.«[73]

Daß es in der vorindustriellen Gesellschaft viel Mühe kostete, sich die für den Alltag nötigen Dinge zu beschaffen, zeigen folgende Briefstellen:

Am 21.2.1849 an einen Freund in Berlin: » Die von Ihnen gesendeten Stahlfedern, für die Ihnen vielleicht noch gar nicht gedankt worden, haben Rückert, der sie selbst verbrauchte, so wohl geschrieben u behagt, daß er Sie bitten läßt, ihm bald ein Schächtelchen voll davon zu senden ...«[74]

Am 27.3.1849 an die Tochter Marie, die bei Freunden in Erlangen zu Gast war: »Die Amtmännin grüße tausendmal von uns, wenn sie sich nur erkundigte, wo in Nürnb. wohin ich mit Euch jedenfalls gehe, die besten Stearinlichte zu haben sind? Du weißt, wie viele der Vater braucht ...«[75]

Am 4.1.1829 wurde in Erlangen der fünfte Sohn geboren: Wilhelm *Ernst* Moritz (1829–1834). Der stolze Großvater aus Schweinfurt hatte der Schwiegertochter zu dem frohen Ereignis schon im Voraus eine Gabe geschickt: »Durch den Fuhrmann Weber folgt 1 Fäßchen Wein (zur glücklichen Kindstaufe) und 1 versiegelter Stümmel Waitzen-Mehl, die übrigen 7 Sachen von den Mägden[76] sollen nachgesendet werden, da die Zeit dazu zu kurz ist. Die lieben Kinderleins müssen sich daher gedulten wenn der heilige Christ von den Groseltern später als am Tage des Festes folgen dürfte, wo sie ihre kindische Freude sich erneuern können. Ich möchte zugegen seyn, wenn Deine lieben Kinder sich um Dich sammeln und begierig und unruhig den Augenblick nicht erwarten wollen, wo ihnen ihre Christgeschenke aufgetischt werden und den Jubel und die Freude mit ansehn und anhören ...«[77]

Um Luise zu entlasten, boten sich die Großeltern in Coburg an, den 6jährigen Heinrich zu sich zu nehmen. Den

Eltern fiel der Entschluß nicht leicht, aber sie dachten vor allem an das Wohl ihres Ältesten, der zart war und oft kränkelte. Unter der Obhut der Großeltern konnte er besser gepflegt werden als in dem turbulenten Elternhaus. Es wurden aber fleißig Briefe gewechselt, und die langen Sommermonate verbrachte man gemeinsam in Neuses.

Im Sommer 1829 gab Rückert um einen Paß ein, da er, zusammen mit seiner Frau, eine Reise nach Bad Ems plante. Luise hat die einzige Urlaubsreise in 36 Ehejahren sehr genossen und ausführlich beschrieben. Zwar sehnte sie sich oft nach den fünf Buben, von denen die drei jüngeren bei den Großeltern in Coburg, die beiden älteren bei den Verwandten in Schweinfurt zurückgeblieben waren, aber bei allem Trennungsschmerz stellte Luise doch auch mit einer gewissen Genugtuung fest: »So saß ich denn den 25. Jul. früh zum ersten Mal seit ich Kinder habe, allein mit meinem Manne im Wagen ...«[78] Die Reise war ein großer Erfolg, nicht nur der guten Brille wegen, die Rückert in Frankfurt erstand, sondern wegen der positiven Wirkung auf die Gesundheit. So schrieb Luise am 26.1.1830 an ihre Mutter: »Daß dieser entsetzlich(e) Winter bis jezt so gut vorübergegangen, ohne bösen Husten wie vorm Jahr, schiebe ich doch mit auf Ems, wie auch bey Rückert, der täglich spatzieren geht, sehr wohl heiter ist, so daß ich auch einen recht guten Mann habe, den ich gerne u mit allen Kräften so zu erhalten suche ...«[79]

Diese Feststellung ist umso erfreulicher, als die schlechten Nachrichten über den Ehemann in den Briefen an die Eltern überwiegen: »Leider ist aber mein Mann schon Hypochonder, oder wirds nächstens. Der sitzt eben immer, hat an Nichts Freude u seufzt. Ich sehe ihn nur bey Tische, er lebt weit von mir u den Kindern ...«[80] Oder: »Ach könnte ich nur die Abende bey euch, ihr Lieben seyn, da sitze ich eben, wenn die Kinder schlafen, so gut wie allein, denn R. arbeitet u spricht nicht mit mir dabey.«[81] Und über sich meinte sie: »Mir selbst wächst die Arbeit immer mehr über den Kopf, so wenig ich sie scheue, u künftig wird es immer mehr der Fall werden.«[82]

Zu diesem Zeitpunkt erwartete Luise das sechste Kind. Die Tochter Therese Emilie *Luise* (1830–1833) wurde am 25.6.1830 geboren. Über den Tag vor der Niederkunft berichtet Luise: »Ich hatte noch 14 Tage länger gerechnet u es ist möglich daß die Tags zuvor gehabte Motion etwas zur frühern Entscheidung beytrug. Ich legte nämlich eine ziemlich große Wäsche zusammen, u schwang tüchtig die großen Tücher, machte eiligst für den Abend einen Kirschenauflauf, da die Magd so etwas nicht richtig versteht u gieng noch mit Mann u Kindern hinauf auf den Wels ...«[83] Der Wels, ein Lustgarten am Fuß des Burgbergs gelegen, war ein beliebter Treffpunkt der Erlanger Gesellschaft, die trotz der reichlichen Arbeit das Wort Streß noch nicht kannte.

Die Freude über die Tochter war groß. Der Bruder Heinrich schrieb aus Coburg: »Geliebter Vater! Ich freue mich, daß ich eine Schwester bekommen habe. Ist denn die Mutter wieder ganz wohl? Bist Du und die Brüder auch wohl? Wie wird denn das Schwesterlein heißen? ... Neulich habe ich große lebendige und schöne Schlangen, worunter zwei Klapperschlangen waren, gesehen, auch einen sprechenden Kakadu. Viele Grüße an die gute Mutter und die lieben Brüder; Ich freue mich, Euch recht bald hier zu sehen. Lebe wohl und behalte lieb Deinen Gehorsamen Sohn Heinrich. Neuses am 9 Julius 1830.«[84]

Die Sommermonate verbrachte die Familie Rückert regelmäßig auf dem Fischerschen Landgut in Neuses. Das erforderte zwar jedesmal viel Planen, Überlegen und Packen. Es mußten Pässe besorgt und die günstigste Fahrgelegenheit für die ca. 80 km lange Reise über die Landesgrenze erwogen werden. Dafür lebte man in Neuses billiger und vor allem freier. Wie so ein Reisebeginn aussah, beschreibt Heinrich Rückert aus der Erinnerung: »Wenn so in Erlangen gepackt war für einen langen Aufenthalt und für so Viele und so Kleine: – die Bücher untergebracht, so große und so schwere, – da fuhr der Hauderer vor, nach damaliger Art ein Wanderlebenhaus. Es wurde aufgeladen; Alles müheselig Platz findend. Nun drückte Mutter sich ins kleinste Eckchen, die schreienden und tobenden Kinder neben sich vertheilend, damit ja die reckenhafte Gestalt ihres Mannes bequem untergebracht werden könne. Endlich Alles fertig. Das Fuhrwerk bewegte sich schneckenhaft bei heißem Sommerwetter auf der holprigen baierischen Straße. Zwei Stunden wurde Mittag gefüttert. In der elenden Dorfkneipe führten die Kinder einen ruhmlosen Krieg gegen die gierigen Fliegen, welche das an sich unappetitliche Essen ihnen streitig machten. Endlich beim letzten Schimmer eines August-Abends waren die elf Wegesstunden zurückgelegt; die entgegenkommenden Großeltern winkten; die Kinder kletterten in freudiger Ungeduld aus dem Wagen – Neuseß wurde jubelnd begrüßt.«[85]

Die Bahnlinie von Nürnberg nach Bamberg wurde erst 1844 durch König Ludwig eröffnet. Wie viel Mühe und Geld für Extrapost hätten sich die Rückerts sparen können, wenn sie wenigstens die erste Strecke unter Dampf hätten reisen können!

Und wieder einmal war die Wohnung zu klein geworden. Dazu gab es laufend Ärger mit dem Vermieter. Kinderreiche Familien hatten es schon damals schwer, und die Rückertsbuben waren keine reinen Engel. So war Luise glücklich, als sich eine neue Bleibe anbot: »Wir ziehn hinter die Mauer, wo es freilich ein wenig einsam ist … Wir bekommen 8 heizbare Zimmer, die mir nur ein wenig zu hoch sind, u eine Unzahl Kammern u Remisen, eine sehr gut eingerichtete Küche, Hof, eigenen Garten, u bezahlen 140 fl. rhn was alle sehr billig fanden, da wir für dies Nest 120 geben. Die Hauptsache ist: daß kein Eigenthümer im Haus wohnt, da es dem Magistrat gehört u sonst das Waisenhaus war … Zu dem neuen Quartier muß ich durchaus mir etwas Meubles machen lassen. Eine Kindercommode ist mir jezt schon nöthig, u 6 Rohrstühle für R. ect sind wirklich auch ein Bedürfniß, vielleicht kannst Du bester Vater, bis August, wenn nur 30 fl. von meinen Interessen schicken.«[86] Luise hatte also eigenes Geld, das in Coburg angelegt war, und dessen Zinsen sehr willkommen waren, wenn es galt, die Haushaltskasse etwas aufzubessern. Im August 1830 erfolgte der Umzug, und am 27. 8. schrieb Luise den ersten Brief aus der neuen Wohnung: »Geliebte Eltern! Mit Mühe stehle ich der Arbeit einen Augenblick ab, um Euch, Ihr Theuern, Nachricht von uns zu geben, auf die Ihr gewiß schon längst gewartet habt. Unser Aus- und Einzug ist nun glücklich, obgleich bey heftigem Unwetter (Freitag u Sonnab. wo es so stürmte) überstanden, aber welche Mühe u Plage hatte ich dabey u habe ich noch, denn Schreiner u Schlosser, Tüncher, Zimmermann, wechseln miteinander ab, u stören mich, wenn mir die Kinder einige Viertelstunden zum Räumen lassen. Denn so schön dies Quartier ist, so ist doch vieles von den

Erlangen um 1840.
Stahlstich von Poppel

»Fr. Rückerts Haus zu Neuses.«
Lithographie von C. Reiss und M. Wick

vorigen Bewohnern verliedert worden. – Wenn Ihr aber meine Reihe von schönen Zimmern sähet, so würdet Ihr Euch recht freuen. Heitrer, gesünder mag man selten welche finden, u dazu eine schöne Aussicht ins Freye ...«[87]

Sieben Jahre waren der Familie Rückert in dem ehemaligen »Eggloffsteinschen Palais« vergönnt, an dem heute eine Tafel angebracht ist:

Hier wohnte Prof. u. Dichter
Friedr. Rückert 1830–1838.

Die einst als einsame Gegend beschriebene Straße, Südliche Stadtmauerstraße/Ecke Schuhstraße, ist vom Verkehr umbrandet, und man muß weit gehen, um das freie Feld zu erreichen.

Obwohl Rückert kein geselliger Mensch war und mit Vorliebe über seinen Büchern saß, hatte sich doch ein Freundeskreis gebildet. Vor allem mit einem Kollegen, dem Altphilologen Joseph Kopp (1788–1842), und mit dessen Familie entwickelte sich eine enge Beziehung, die durch gegenseitige Patenschaften noch vertieft wurde. Das ungleiche Paar wurde in Erlangen viel belächelt: der riesenhafte Rückert, der mit dem kleinen Kopp, den er scherzend seinen Jonathan nannte, heftig gestikulierend, im eifrigen Gespräch vertieft, spazierenging. Es heißt, daß Kopp bei den Gängen durch den Schloßgarten den Freund manchmal an einem Knopf der Jacke festhielt, während er auf ihn einredete. Auch Luise hatte einen guten Draht zu dem Freund ihres Mannes, wie ein Gedicht zeigt, das sie ihm zum 47. Geburtstag widmete.

Herrn Professor Kopp zu eigenen Händen

Lieber Herr Gevatter Kopp!
Von dem Rückert ists recht grob,
Daß er zu Eurem Ehrentag
Nicht einmal was dichten mag.

Ich, Ihr wißt, bin kein Genie
Brech den Reim nur übers Knie,
(Kinderschrei u Poesie
Lieber Gott! vertragt sich wie
Faust aufs Aug',) Doch meinen Reim
Schaff ich heut, u wärs mit Leim.

Lebt beglückt! und einen Knaben
Sollt Ihr dieses Jahr noch haben.
Treibts mit Sanscrit nicht zu bunt.
Bleibt ihr alle hübsch gesund,
Mich laßt gut empfohlen sein,
Weil ichs redlich mit euch mein.[88]

Gut ein halbes Jahr später schrieb sie ihm von Neuses aus: »Bis jezt, theuerster Freund u Gevatter, hatte ich mich, indem ich ans Briefschreiben gieng, sehr häufig über langes Nichtschreiben zu entschuldigen, diesmal aber, bey Ihnen, muß ichs über zu baldiges Wiederschreiben thun, indem ich doch alt genug worden bin, um mir mit den 5 Fingern abzählen zu können, daß ihr gelehrten Herrn euch nicht besonders über Frauengeschreibsel freut. Also mich treibt diesmal 3erley, einmal unser leidiges Geldgeschäft, 2, ein kurzer

Auftrag Rückerts u ein Bericht seines Ergehens, 3tens, die Dankbarkeit, daß Sie guter Kopp, so väterlich für meine 2 Buben sorgen ...« [89]

Zum Einzug in die neue Wohnung hatten sich die Freunde eine hübsche Überraschung ausgedacht: »Einen recht freundlichen, heitern Abend bereitete uns die Freundschaft mit den lieben Döderleins, Pfaffs u Kopps. Diese verabredeten sich nämlich uns am verwichenen Montag ein Tischrücken zu geben. Sie lockten mich Abends listig eine Stunde zu Döderlein, u unterdessen deckte Adelheid (von Pfaffs) eine schöne Tafel, Silber, Essen, Weiszeug, Brod u Salz, alles, alles brachten sie mit, sogar Lichter, eine Partei gab die Suppe u Wein u so fort. Wie überrascht war ich bey meiner Nachhauskunft eine so liebe Gesellschaft, u ein Soupée zu finden, so war ich recht vergnügt, u machte nun schnell zur revanche einen guten Weinpunsch ...« [90]

Über das gesellige Leben, das die Erlanger Professoren um die Mitte des 19. Jahrhunderts pflegten, berichtet uns wieder Anna Rückert: »Das Leben war damals noch viel einfacher als heutzutage. Schmausereien u. Bälle heutigen Stiles gab es dazumal nicht. Die befreundeten Familien luden sich im Winter zu kleinen Abendgesellschaften mit sehr einfachen Bewirtungen. Mittag's Einladung zu einer fetten Gans mit Klößen oder ähnlichem Menu. Im Sommer verabredeten sich die befreundeten Familien zu gemeinschaftlichen Spaziergängen u. abendlichen Zusammenkünften in ländlichen Wirtschaften, so in dem schattigen Welsgarten oder unter der großen Linde in Siglitzhof, wo bei Bier u. einfachster Kost gar mancher schöne Sommerabend verbracht wurde.« [91]

Der Umzug in die große Wohnung hinter der Mauer war zwar für Frau Luise sehr anstrengend gewesen, aber er hatte sich gelohnt. Vor allem die Kinder, die ja von Neuses her an ein freies Leben gewöhnt waren, fühlten sich in der neuen Umgebung sehr wohl. Wir haben wieder die Beschreibung von Anna: »Wie gut hatten es hier die Kinder, denen hohe Zimmer u. ein geräumiger Gang nach der Hofseite herrliche Spielplätze boten. Aber bei kaltem Wetter oder an den Winterabenden, wenn man die warme Stube aufsuchen mußte, hatte die Mutter mit ihren wilden Buben, denen sich meist noch einige gleichgesinnte Nachbar'skinder zugesellten, einen oft schweren Stand. Sie wußte so prächtig Märchen zu erzählen. Rotkäppchen, Schneewittchen u. wie sie alle heißen, diese unvergänglichen Produkte des deutschen Volk'sgemütes, die immer wieder mit gleichem Entzücken vernommen wurden. Bei einer Badereise in Ems hatte der Dichter Clemens Brentano, mit dem Rückert's dort viel verkehrten, Frau Luisen für ihre Kinder eine Abschrift seines erst viele Jahre später gedruckten Märchen's: ›Schulmeister Klopfstock u. seine Söhne‹ geschenkt. Die Mutter las den Kindern das wirklich höchst liebenswürdige, umfangreiche Märchen wieder u. immer wieder vor, so daß die Kinder viele Stellen davon auswendig wußten. Wenn einmal das Lärmen der unbändigen Buben gar zu arg wurde, stellte sie sich vor die tobende Schaar u. mit sanft klagender, halb bittender Stimme zitierte sie die Worte, die der alte Schulmeister an die Vögel richtete: das krause Tirretille. Und die gute Wirkung versagte nicht. Immer freilich wirkten so milde Mittel nicht, u. wenn es gar zu toll herging, alles Bitten u. Drohen nichts half, wurde der Vater aus seiner Studierstube geholt, wo es dann ein summarisches Strafgericht gab, das auch die fremden Buben nicht verschonte. Nur nach dem Mittagessen mußte die wilde Schaar unverbrüchlich eine Stunde Ruhe halten, weil da der Vater, der Winter u. Sommer sehr früh aufstand, sein Mittagschläfchen hielt.«[92]

Der Tagesablauf im Hause Rückert war streng geregelt. Der Hausherr stand in aller Frühe um fünf, spätestens aber um sechs Uhr auf. Kurz nach 12 Uhr wurde zu Mittag gegessen, dann folgte eine Siesta und die Kaffeestunde bis drei Uhr. Am Abend wurde bei gutem Wetter oft ein gemeinsamer Spaziergang unternommen. So gut es ging, hat sich Frau Luise dem Rhythmus ihres Mannes angepaßt. Daß sie morgens etwas länger im Bett blieb, geht aus einem Brief hervor, den Rückert im ersten Ehejahr an einen Freund schrieb: »Meine eben aus den Federn schlüpfende Frau empfiehlt sich mit ihrer Liebe ...«[93] Wenn man weiß, wie die Nächte einer Mutter mit kleinen Kindern verlaufen, so können wir annehmen, daß Luise auch später noch oft die Morgenstunden ausnützte, um den mangelnden Nachtschlaf nachzuholen.

Daß ihr Mann größten Wert auf Pünktlichkeit legte und sehr ungehalten sein konnte, wenn das Essen nicht rechtzeitig auf dem Tisch stand, klagte Luise einmal ihrer Mutter gegenüber: »Ich sehe ihn eigentlich nur beym Essen, doch da zuweilen mit bösem Gesicht, wenn einige Minuten oder $\frac{1}{4}$ Stunde über 12 ist, u nicht angerichtet ...«[94]

Luise Rückert war nicht nur eine hingebungsvolle Ehefrau und aufopfernde Mutter, sondern auch eine selbstlose Freundin. So geht aus dem Kirchenbuch der Erlanger Neustadt hervor, daß sie im Februar 1833 ihrer Freundin Therese Döderlein eine Wochenstube in ihrem Haus einrichtete. Daß sowohl das Kind (Ernst Döderlein *22.2.33, †23.2.33) wie auch fünf Tage später seine Mutter (†28.2.33) starben, war ein schwerer Schlag für Luise und den ganzen Freundeskreis, vor allem aber für den Witwer, der mit acht Kindern zurückblieb. Im vorhergehenden Jahr trauerte auch die Familie Rückert um ein Neugeborenes. Am 9.1.1832 war das siebte Kind zur Welt gekommen. Der kleine Karl *Julius* lebte aber nur wenige Tage. Rückert schrieb an seine Mutter: »Luise ist ... vor bereits 12 Tagen von einem sehr unreifen Kinde, einem Knaben, an sich glücklicher als zu erwarten war, niedergekommen. Das Kind, so schwach auch besonders sein Athmen ausgebildet war, machte doch Anstalt zu trinken und aufzuleben, als es unversehens nach 3 Tagen zu athmen aufhörte. Wirklich nichts als das Aufhören des Athmens war sein Tod. Das arme Würmchen hat mir doch leid gethan, und die Mutter hats natürlich noch mehr angegriffen; doch ist alles bisher ohne bedenkliche Zufälle für sie vorübergegangen, nur daß sie sich schwächer findet als in früheren Wochenbetten, und das Bett noch nicht verlassen hat. Zum Glück ist gerade in der Nacht, als die Entbindung war, nur wenige Stunden darauf meine sehr besorgte Schwiegermutter mit dem Postwagen angekommen (der Heinrich ist auf meinen Wunsch in Koburg geblieben), und ihre Hülfe war dießmal doppelt wohlthätig, wegen der Krankheit der Kinder und der dadurch entstehenden Verhinderung der Mägde.«[95] Wohl selten war Luise so dankbar für die treue Hilfe der Mutter. Sie selbst war geschwächt nach der Entbindung und stand noch unter Schock wegen dem Tod des Kindes. Die übrigen Kinder waren alle krank, die Freundinnen, die selbst kleine Kinder hatten, wagten sich aus Furcht vor Ansteckung nicht in die Nähe. Zu allem Überfluß bekam eine Kindsmagd solche Zahnschmerzen, daß sie sich beim nächstbesten Bader den Zahn ausreißen ließ und an der Wunde fast verblutet wäre. Dazu kündigte der Magistrat der Stadt auch noch die Wohnung, die gerade erst mit viel Aufwand an Zeit und Geld hergerichtet worden war. Kein Wunder, daß Rückert, der nicht mehr aus und ein wußte, das »ganze Lumpennest Erlangen« verwünschte.

Aber es sollte noch schlimmer kommen. Kurz nach den Weihnachtsfeiertagen, Ende Dezember 1833, trat eine Scharlachepidemie auf, die sich auch unter der Kinderschar im Hause Rückert ausbreitete. Die erste, die davon ergriffen wurde, war die kleine Luise. Die Leidenstage, die nun folgten, bis am Silvestertag die dreijährige Luise und 16 Tage später der fünfjährige Ernst starben, hat die Mutter in ihrem Tagebuch ausführlich beschrieben. Es ist ein erschütternder Bericht, der die ganze Hilflosigkeit zeigt, mit der die Eltern dem qualvollen Sterben der geliebten Kinder zusehen mußten. Und nicht nur die Mutter, auch der Vater litt unsäglich unter dem grausamen Tod dieser beiden geliebten Jüngsten. Als Dichter verarbeitete Rückert den Schmerz in fast 500 »Kindertodtenliedern«, als Vater hat er diesen Verlust nie verwunden. Er bekam innerhalb von wenigen Wochen graue Haare und fühlte sich mit seinen 45 Jahren müde und alt. Aber das Ehepaar kam sich in der gemeinsam durchlittenen Schreckenszeit wieder näher. In den ersten Jahren in Erlangen hatte sich Luise oft über ihren Mann beklagt, der sich nicht um sie und die Kinder kümmere. In der Not zeigte sich, daß ihre Ehe ein tragfähiges Fundament hatte. Im Februar 1834 schrieb Luise an ihren Vater: »Doch habe ich in dieser furchtbaren Zeit, Rückerts religiösen Sinn, seine große Liebe für mich, recht schätzen lernen. Er, der ein so zärtlicher Vater ist, dessen Lieblinge auch die zwey Engel waren, ist aufs tiefste gebeugt u weint oft mit mir. Ja, Gott hat uns recht nach dem Herzen gegriffen ...«[96]

Ein großer Trost für die Eltern waren die wunderschönen Bilder der früh Verstorbenen, die der Freund Barth erst vor kurzem gemalt hatte und die zu den hübschesten Kinderbildern der Epoche zählen.

Der Amtmann Johann Adam Rückert war 1831 mit 68 Jahren verstorben. Im Juni 1835 starb Rückerts jüngste Schwester Marie mit 25 Jahren an der Schwindsucht, im Dezember schloß die Mutter im 69. Lebensjahr für immer die Augen. Im Herbst 1836 mußte Luise von ihrem Stiefvater Fischer Abschied nehmen. Rückert hatte sein Elternhaus in Schweinfurt verloren, Luise ihre Kinderheimat in Coburg. Nach außen hin normalisierte sich das Leben wieder, aber der Schmerz um die geliebten Toten blieb. Vor allem die Wunde, die der Tod der beiden Kinder im Herzen der Eltern gerissen hatte, vernarbte nie ganz. Halt gab dem Ehepaar der starke Glaube an Gottes Barmherzigkeit und die feste Zuversicht, die geliebten Kinder in seiner Hand geborgen zu wissen.

Ihrem Tagebuch vertraute die verzweifelte Mutter ihre Gedanken an: »Wie habe ichs nur tragen können ... ich frage mich das oft? Wer mir gesagt hätte, das wirst du aushalten, wieder essen u schlafen, den hätte ich einen Lügner genannt. Gott, du schufst den Körper u Geist des Menschen daß er

Ernst Rückert (1829–1834)
Portrait von Carl Barth (1832)

Luise Rückert (1830–1833)
Portrait von Carl Barth (1832)

eine Masse von Leiden tragen könne! Voll Wunden, Schwären u Narben er kriecht doch noch fort! Oder will ich lieber ergeben sagen: Deine starke Hand hält u führt ihn, daß er sich bereite würdig zu den Geliebten Vorangegangenen zu kommen.«[97] Man kann oft die Ansicht hören, daß die Eltern in früheren Zeiten (oder in den Entwicklungsländern) sich an die Tatsache der hohen Kindersterblichkeit gewöhnten und sich damit abfanden. Hier erleben wir hautnah mit, wie stark der Tod von Kindern empfunden wurde. Und Luise spricht sicher für viele Mütter, die ein solches Schicksal erleiden müssen, wenn sie feststellt: »Die Erde sieht nun ganz anders aus, seit ich so viel verlohren, so farblos! aber wie anders, wie reich der Himmel.«[98] Aber dann versuchte sie, sich zu trösten: »Ein berühmter Weiser des Alterthums, erwiderte ruhig, als man ihm den Tod seines Sohnes meldete, ›Ich wußte, daß ich einen Sterblichen gezeugt hatte.‹ Und mein Trost ist es, daß ich weiß, daß es 2 Unsterbliche waren, die ich gebohren u ins Grab gelegt habe.«[99]

Und das Leben ging weiter. Allmählich fand auch Luise Rückert wieder in den Alltag zurück: »Ich bin wie der Kaufmann, dessen reiches Schiff zwar untergegangen, er sucht aber, was er noch besitzt in allen Ecken u Winkeln zusammen u muß dankbar gestehen, daß er noch immer reicher ist, als er verdient zu seyn.«[100]

Vier Söhne waren den Eltern geblieben. Sie waren gesund und wohlgeraten, wenn auch die leidige Schule oft Kummer bereitete. Dunkle Wolken hingen über dem Haus, als der achtjährige Karl die Aufnahmeprüfung ins Gymnasium nicht schaffte: »Carl(s) Examen fiel nicht günstig aus, er konnte dort das nicht mehr, was er zu Hause schon lange äußerst geläufig wußte, u er muß sich selbst im Examen dumm gestellt haben, nun geht es schon besser, er ist fleißig, u wir haben die Zusicherung der Lehrer daß er in kurzem in die Ober-Abtheilung kommt, wenn er so fortfährt. Dies gebe der Himmel! denn R. war außer sich, er hat ihn ein paar Tage wie einen verlohrnen u geächteten Sohn behandelt, u dies trug auch bey mich noch mehr zu verstimmen ... Doch muß ich bemerken, daß R. jezt recht gut u freundlich mit ihm ist ...«[101]

Aber auch im Gymnasium gibt es Probleme: »Leider wird Carl desto weniger von seinem Hr Burger gepriesen, wir hören nur Klagen über seine Nachlässigkeit im Lernen u Schreiben u über Zurückbleiben, was mir u R. Sorge macht, u Ihr wißt, daß Letztrer gleich das Kind mit dem Bad ausschüttet. Ich treibe ihn genug R. kümmert sich eben gar nichts um ihre Arbeiten, ich muß die 2 Kleinen ganz u gar im Latein verhören, u werde bald so gut wie einer deklinieren u conjugieren können.«[102]

Im Frühjahr 1836 hat der offenbar sehr lebhafte Knabe seinen Eltern einen großen Schrecken eingejagt: »Der arme Carl hat ein Unglück sich zugezogen u mein Herz blutet – an seinem Geburtstag bekam er von mir eine Armbrust, die er sich längst wünschte. Trotz meines Abrathens machten sie sich Bolze mit spitzen Nägeln, gestern wollte so ein Bolz nicht heraus, er stieß die gespannte Armbrust auf, u sah hinein, plötzlich fuhr der Nagelbolz heraus ihm mitten ins Auge. Entstellt wird er nicht werden, aber die Sehkraft zu erhalten ist wenig Hoffnung, er wird also nur ein gutes Auge behalten ... Vielleicht ist doch noch Hülfe, da Kittl.[103] eben als Augenarzt sehr geschickt ist u die Hoffnung noch nicht aufgegeben ... Wie R. leidet, sehe ich, ob er mich gleich tröstet.«[104] Am nächsten Tag fügt Luise noch eine Nachschrift hinzu: »Heute macht Kittl. etwas Hoffnung das Auge zu erhalten. Bey Gott ist kein Ding unmöglich. Uebrigend ist er munter, nur langweilt er sich u ich muß also viel vorlesen u bin immer angespannt.«[105]

Durch diesen Unglücksfall bekommen wir eine Vorstellung von der treusorgenden Liebe von Albrecht Fischer zu seiner Stieftochter, die er in einem Brief vom 17.4.1836 tröstet: »Mit Deinem Brief vom 14 dses, meine theure Luise, hast Du uns wahrhaft erschreckt durch die Nachricht von Carl Unfall. Laß Dir aber nicht bange seyn, so schlimm wirds nicht werden, als Ihr im ersten Schrecken gefürchtet. Carl ist gesund u kraftvoll u Ihr habt gute Aerzte, 2 Hauptumstände. Verzweifle daher ja nicht, meine beste Luise, u trau auf Gott mit festem Muth, er wird alles aufs beste machen. Besonders mache Dir keine Vorwürfe, daß Du Carl die Armbrust geschenkt, da bist Du ganz unschuldig. Der Misbrauch hebt den Gebrauch nicht auf, da müßte man auch Wasser u. Feuer abschaffen. Sey daher guten Muths u gieb uns nur bald wider bessre Nachrichten von dem Patienten ...«[106]

Karl ging es bald wieder besser, wenn auch das Auge nie mehr die volle Sehkraft erlangte, dafür machte nun Heinrich Sorgen, der inzwischen ins Elternhaus zurückgekehrt war: »Ein Umstand trübt mir u uns allen die Aussicht unsers innigen Beisammenseins für diesen Winter, u dies ist, daß Heinrich in die höhere Classe nicht aufgenommen worden. Rückert ihn durchaus in die niedere, da er doch in Cob. schon Gymnasiast war nicht thun will, u ihn also wieder in seine alte Weise nach Cob. zu thun beschlossen hat ... H. selbst bliebe zwar gerne hier bey uns, aber ehe er unter die kleinen Schulbuben sich setzt, geht er doch lieber nach Cob. Bey dieser Gelegenheit sah ich wieder wie sehr R. seinen H. liebt u von den Fähigkeiten desselben sich überzeugt hat. Er war wie ein Löwe, dessen Junges man kränkt, u die Feindschaft mit Döderl. u mit noch mehreren Classlehrern ist nun entschieden. Dies thut mir der andern Buben wegen freilich leid, doch etwas partheiisch ist jener wohl, denn auf H. u Julius Schunk, als von fremden Gymnasien kommend, hätte man doch Rücksicht nehmen sollen.«[107]

Als Schülervater war Rückert gefürchtet, denn er verlangte oft Rücksichtnahme. Nicht nur, wenn es um die Beurteilung der schulischen Leistungen ging, sondern vor allem bei der Bitte um Sonderurlaub. Da waren die langen Sommermonate, die die Familie in Neuses zubrachte, und dann gab es im Herbst die Traubenlese, die Rückert nie versäumte und wozu er auch gerne die älteren Söhne in seine Vaterstadt Schweinfurt mitnahm. Der Erlanger Schuldirektor konnte die Wichtigkeit dieses Ereignisses für einen Mainfranken natürlich nicht ermessen, während Luise Verständnis zeigte: »O wie wünsche ich besonders euretwegen gut Wetter zur Weinlese! Ich gönne euch so sehr diese Freude! Die Weinlese-Trommel muß für dich seyn, was dem Schweizer sein Kuhreigen …«[108]

Vor der Geburt des siebten Kindes hatte sich Luise nicht wohl gefühlt und dem Vater anvertraut: »Dabey gestehe ich Dir, fühlte ich die Last, das 7te Kind zu erwarten zu haben, mit Unmuth, u habe geschworen, wenn mir der Himmel diesmal noch hilft, nie u unter keiner Bedingung eins mehr zu gebären.«[109] Nach dem Verlust von drei Kindern innerhalb von zwei Jahren hat sie ihre Einstellung geändert. Als am 26.6.1835 die Tochter *Marie* Renate (1835–1920) geboren wurde, schrieb sie in ihr Tagebuch. »Am 26. Juni früh 2 Uhr sagte ich leise: Herr ich bin viel zu gering der Treue die du mir gethan hast! Ich sage mirs noch täglich im Stillen.«[110]

Noch zwei weiteren Kindern schenkte sie das Leben: am 27.1.1837 wurde Franz Wolfgang Friedrich, – *Fritz* – (1837–1868) geboren und am 12.5.1839 die Tochter Sophie *Anna* (1839–1919). Mit 26 Jahren hatte Luise Rückert das erste Kind bekommen, mit 41 das zehnte und letzte. Rein rechnerisch war damit der Tod der drei Kinder ausgeglichen. In den Herzen der Eltern lebten jedoch vor allem die beiden »Inséparables« (die Unzertrennlichen) Ernst und Luise fort. Aber auch den kleinen Julius betrauert Rückert noch Jahre später als das »halbvergeßne, früh verlorne, kaum beseßne« der Kinderschar.

Neben all den schweren häuslichen Sorgen mußte Rükkert seine Vorlesungen halten und die Studenten betreuen. Über Rückert als Lehrer ist viel geschrieben worden. Er war sicher kein leidenschaftlicher Pädagoge, sondern vor allem Forscher und Wissenschaftler, und hat die Vorlesungen oft als Zwang, wenn nicht gar als Fron empfunden. Aber wenn er interessierte Hörer hatte, so konnte er die Studenten mitreißen, wie viele seiner Schüler bezeugen. Einer von ihnen, der spätere Erlanger Theologe August Ebrard, schildert in seinen Memoiren die Begegnung mit dem Dichter-Professor: »Um 8 Uhr ging ich nun ins Heiligtum der deutschen Lyrik, in Rückerts Haus, in Rückerts Zimmer. Er wohnt hinter der Mauer. Die Wohnung ist schön und freundlich und ansehnlich. Vor den Fenstern über die Stadtmauer weg sieht man nach dem Wald; die Stadtmauer ist dort dicht mit

Epheu bewachsen, und vor ihr ein Gärtchen. In seinem Zimmer hängt das Bild seines verstorbenen Knaben, umkränzt mit nun gewelkten Blumen; das Urbild hat er mit unsterblicheren bekränzt ... Der große Mann mit dem wildherumhängenden Haar, mit dem kugelrunden Scheitel wie ein Beduine, wie ein Seruger, mit den tiefen Blicken, unergründlichen Abgründen! dem regelmäßigen festen Munde, der deutsche Dichter, der große Orientalist, der Panglottist – stand vor uns.«[111] An anderer Stelle verglich der Rückert-Verehrer Ebrard den Erlanger Dichter mit Goethe, der ja erst kurze Zeit tot war (†1832), und gab, wohl aus Lokalpatriotismus, Rückert den Vorzug. Er stand aber mit dieser Meinung in seiner Epoche keineswegs allein da. Von einer weiteren Vorlesung über den Propheten Jesaja, die Ebrard im Wintersemester 1836/1837 hörte, war er völlig überwältigt: »Es war ein herrliches Kolleg! ... Mit welcher Meisterschaft Rückert die poetischen Schönheiten des Gedichts zur Anschauung brachte, mag man sich leicht denken. Diese Vorlesung zu hören, war einer der höchsten und fruchtbarsten geistigen Genüsse, die ich in meinem Leben gehabt habe.«[112]

Die Erinnerungen von Ebrard widerlegen auf jeden Fall eindeutig die Version, Rückert hätte stets mürrisch und sogar vom Bett aus seine Vorlesungen gehalten. Wie privat ein Schlafzimmer im 19. Jahrhundert war, wo es kein Badezimmer, kein WC und keine Etagenheizung gab, noch dazu in einer kinderreichen Familie, wo neben dem Ehebett meist noch mehrere Gitterbettchen für die Kleinsten standen, können sich manche Zeitgenossen anscheinend nicht vorstellen. Und wie hätte die ordentliche Luise sich ein solches

Eindringen in die Intimsphäre verbeten! Daß Rückert, der ein notorischer Frühaufsteher war und sein Kolleg mit Vorliebe in der Früh um 7 oder 8 Uhr las, im Morgenrock auftrat, steht außer Zweifel. Aber dieses legere Kleidungsstück war für Männer seiner Zeit durchaus üblich. Zuhause wollte man es bequem haben. Außerdem war so ein Hausmantel warm, und man schonte auf diese Weise die teuren Anzüge.

Die Universität Erlangen hatte um 1840 ca. 400 Studenten, davon waren 140 evangelische Theologen. Der Lehrkörper umfaßte 20 ordentliche und fünf außerordentliche Professoren. Für die Vorlesungen, die nur von wenigen Hörern besucht wurden, stand zwar ein kleiner Hörsaal zur Verfügung, meist fanden die Veranstaltungen jedoch in der Wohnung des jeweiligen Professors statt. So war die Größe und die Lage der Wohnung von großer Wichtigkeit für diesen Berufsstand, denn die Lehrer waren auf die Hörgelder angewiesen. Wenn Luise zu Beginn der Erlanger Zeit enttäuscht an ihre Eltern schrieb: »Ich soll dem V(ater) sagen: mit Collegien wäre wenig zu machen, lauter arme Theologen ...«,[113] so bedeutete das, daß es mit Kolleggeldern nicht üppig bestellt war und man auf eine wichtige Nebeneinnahme verzichten mußte. Rückert war ungemein fleißig. Er arbeitete sich immer wieder in neue Sprachen und Kulturen ein. So hat er, um zwei künftige Missionare auf ihren Dienst in Indien vorzubereiten, innerhalb weniger Monate so gut Tamulisch gelernt, daß er die beiden jungen Männer in dieser südindischen Sprache unterrichten konnte. Wenn man sein Lebenswerk betrachtet, so ist schon die reine Schreibleistung – natürlich alles mit der Hand – enorm. In seiner Coburger Zeit hatte er an Graf Platen geschrieben: »... ich bin jetzt eben halb todt von einer forzirten Abschreiberey. Es ist nichts weniger als ein Sanskritlexikon, das ich abgeschrieben, theils weil ich kein Geld habe es zu kaufen, theils um so den ganzen Sprachschatz auf die kürzeste Art, wenn nicht ins Gedächtniß aufzunehmen (dazu ist meines zu schlecht) doch vor der Vorstellung vorüber gehen zu lassen.«[114] So ganz schlecht kann das Gedächtnis nicht gewesen sein. Man hat herausgefunden, daß Rückert 44 Sprachen, wenn auch nicht gesprochen, so doch beherrscht hat.

Bei dem knapp bemessenen Einkommen eines Erlanger Professors mußte natürlich allenthalben gespart werden. Mit einem Jahresgehalt von 1100 fl bei einer Zulage von Holz und Getreide hatte Rückert im Jahr 1826 seine Lehrtätigkeit begonnen. Als ihm im Herbst 1832 eine Professur in Zürich angeboten wurde, entschloß er sich schweren Herzens (und sicher auf Luises Rat hin), den König Ludwig in München um eine Gehaltszulage zu bitten: »Allerdurchlauchtigster Großmaechtigster, Allergnädigster König und Herr! Euer Königlichen Majestaet mache ich die allerunterthänigste Anzeige, daß meine Freunde in Zürich, für die Hochschule die sie soeben dort begründen, mich zu gewinnen wünschen, mein Wunsch aber ist, in der Stellung zu verbleiben, welche die allerhöchste Gnade mir angewiesen hat, und jene Werbung nur zu benutzen, – weil es doch herkömmlich ist, den Werth eines Gutes an der Nachfrage danach abzumessen – um mit etwas mehr Zuversicht auf eine schon früher gestellte Bitte zurück zu kommen um allergnädigste Bewilligung einer angemessenen Besoldungserhöhung, deren ich inzwischen, wenn nicht würdiger, doch noch bedürftiger geworden bin ...«[115]

Rückert war kein Revolutionär. Er glaubte an die Monarchie als sinnvolle Staatsform. Es war ihm sicher nicht leicht gefallen, diesen »Bettelbrief« zu schreiben, den wir im Übrigen als sehr bescheiden empfinden, wenn man bedenkt, welchen internationalen Ruf Rückert als Gelehrter inzwischen hatte. Aber diese Bescheidenheit war offenbar nicht angebracht, denn er bekam monatelang keine Antwort, was ihn begreiflicherweise sehr verärgerte. Im November 1832 schrieb Luise an ihren Vater: »Von München noch keine Nachrichten! Ich wünsche gute, weniger um der Verbesserung, als um R. willen, der in gekränktem Stolz, Gott weiß was thäte, zumal ihn die Würzburger Geschichten mit Zorn erfüllen. Mehr darf ich nicht sagen von dergleichen, die Wände haben in Erl. Ohren – – – – – Nimm die Gedanken-Striche für eine Zensurlücke ...«[116] Aber nicht nur Rückert und Luise sind enttäuscht über das Desinteresse der Bayrischen Regierung, auch der Kollege Schelling in München ist empört. Am 2.1.1833 schreibt er an den Fürsten von Öttingen: »... Die Zürcher dringen auf Antwort und erwarten bestimmte Erklärung zu Neujahr; er ist wenig geneigt, in ein Land, wie die Schweiz jetzt ist, zu gehen; aber die Pflicht für seine zahlreiche Familie (worunter allein fünf Söhne, für deren Erziehung sein gegenwärtiges Einkommen die Mittel nicht gewährt) nöthigt ihn, und zwar binnen Kurzem, zuzusagen, wenn ihm nicht in Bayern Hülfe wird. Rückerts Abzug wäre nicht nur ein Verlust für das Land; er würde zugleich eine nachtheilige Meinung über Bayern im Ausland erwecken. Ein so kolossales Sprachtalent, von so herrlichem Dichtergeist beseelt, ist etwas wahrhaft Einziges, nicht Wiederkommendes. Hätte doch die hiesige Universität oder

Akademie die Mittel, ihn sich zu erwerben! Hier wäre sein Ort. Aber möge er wenigstens Erlangen und damit dem Lande erhalten werden.«[117]

Am 7.6.1833, nach gut sieben Monaten, kann Luise ihrem Vater melden: »Er hat, merkt wohl auf, aber sprecht doch lieber bey niemand davon, 100 sage einhundert! fl rhn. Zulage jährlich erhalten u Du kannst Dir seinen Aerger über diese denken!«[118] Der stets gütige Albrecht Fischer sucht auch hier wieder zu vermitteln: »Für die Zulage u das Geschenk des Königs müßt Ihr doch dankbar seyn! Da der Suchenden nicht wenig seyn werden, so muß der König seine Spenden theilhaft machen; R wird schon darum beneidet werden.«[119]

Fünf Jahre später, am 1.1.1838, bekam dann Rückert einen Orden:

»Seine Majestaet der König haben Sich vermöge allerhöchster Entschließung vom 1.ten Jänner dieses Jahres, allergnädigst bewogen gefunden, dem Königlichen Professor Friedrich Rückert, das Ritterkreuz des Königlichen Verdienst-Ordens vom heiligen Michael zu verleihen.«[120] Auf Rückerts Dankschreiben schrieb König Ludwig immerhin eigenhändig unter eine offizielle Bestätigung des Briefes: »Unvergeßlich ist mir die Zeit in welcher ich Ihre Bekanntschaft in Rom machte. Es war ein schöner Verein von Teutschen.«[121]

Auch wenn es ihnen nicht gerade glänzend ging, waren Rückerts wesentlich besser gestellt als die meisten Kollegen. Luise hatte etwas Geld, über dessen Zinsen sie verfügen konnte. Auch durch die wissenschaftlichen und poetischen Werke, die vor allem bei Cotta und Heider erschienen, gab es ab und zu einen Zuschuß: »R hat gottlob wieder eine Arbeit bezahlt bekommen gerade war ich ganz auf dem Trocknen, da mich das Borgen meiner Schwiegermutter, die gleich wieder zahlen wollte (jenes Geld an den Apotheker) sehr in Verlegenheit gesetzt hatte ...«[122] Neben der großen Familie hat Rückert also auch seine verwitwete Mutter und die unverheiratete Schwester immer wieder unterstützt! Sicher mußte Luise gut rechnen, um den Alltag zu bewältigen, aber sie lebte geradezu fürstlich im Vergleich zu manchen Erlanger Professorenwitwen. So wissen wir, daß die Witwe von Rückerts Vorgänger, Henriette Kanne geb. Herold, für sich und ihre drei unmündigen Kinder, nachdem das »Gnadenjahr« vorüber war, wo sie noch die vollen Bezüge bekam (1200 fl nebst 6 Klafter Holz), gerade 200 fl jährlich(!) zum Leben hatte. Sie mußte also nach dem Tod ihres Mannes mit einem Bruchteil der Summe auskommen, die sie vorher zur Verfügung hatte. Um überhaupt leben zu können, mußte sie ständig erniedrigende Bittgesuche an die Witwenkasse richten, die man inzwischen eingerichtet hatte. Zu allem galt es noch, sich mit den andern Witwen darum zu streiten, welche nun die bedürftigste sei![123]

Nach dem Tod von Albrecht Fischer im Herbst 1836 wurde das Erbe zwischen den Geschwistern Wiethaus-Fischer aufgeteilt. Nach längeren Verhandlungen kam es am 18.10.1838 zu einem Kauf- und Erbvertrag, bei dem Rückert und seiner Familie das »Canzleilehnbare Rittergut, der sogenannte Nattermannshof zu Neuses« zugesprochen wurde. Fast zur gleichen Zeit wurde die Wohnung an der Stadtmauer endgültig gekündigt, da in das große Gebäude eine Landwirtschafts- und Gewerbeschule einziehen sollte. Um weiterem Ärger zu entgehen, beschlossen Rückerts, von dem ererbten Geld ein eigenes Haus zu kaufen. Nur wenige Meter weiter östlich, ebenfalls an der Mauer gelegen, erwarben sie am 9.4.1838 um 2600 fl Kauf- und 25 fl Leihkaufsumme ein großes Eckhaus mit Hof (heute Südliche Stadtmauerstraße/Ecke Fahrstraße). Da sie das Haus nicht gleich beziehen konnten, mußte eine Übergangswohnung gefunden werden. Mit großer Wahrscheinlichkeit lebte die Familie für kurze Zeit im Haus Nr. 146 (heute Goethestraße 23). Als Luise innerhalb von wenigen Monaten zwei Umzüge bewältigen mußte, dazu noch ständigen Ärger mit den Handwerkern hatte, da sie ja die Umbauten am Haus selbst überwachte, war sie 41 Jahre alt und erwartete das zehnte Kind. An ihrem Mann hatte sie in praktischen Dingen keinerlei Stütze. Immerhin sorgte er sich um ihre Gesundheit, wie aus einem Brief von Luise an ihre Mutter hervorgeht: »Die Jungens zählen schon die Tage, u R. will durchaus, daß ich um den schädlichen Gerüchen, der noch jezt nicht einmal fertig getünchten Wohnung auszuweichen nach Neus. zu Dir soll. So gerne ich dies thue, so habe ich doch Sorge, da sich schon manche Bosheit offenbart hat, es könne etwas am Haus, oder mehr in den Zimmern passiren, da meine jezige Köchin eine Liebschaft hat, fürchte ich auch, sie ist keine zuverlässige Hüterin …«[124]

Auch im Sommer 1839 konnte Luise sich nicht entschließen, das Erlanger Haus seinem Schicksal zu überlassen. So ging Rückert allein mit den größeren Kindern nach Neuses und schickte von dort im Juli ein Gedicht an seine Frau. Es hat 14 Strophen, die aber hier nur zum Teil zitiert werden sollen:

An die Hausbauerin

Fast schäm' ich mich, es zu genießen
Dies Glück der Ruh' und Einsamkeit,
Da dich nicht können mit umschließen
Die Friedensträume, dir geweiht.

Ich seh' am Abend und am Morgen
Dem Wachsthum unsrer Blumen nach,
Indeß du einschläfst unter Sorgen,
Und unter Sorgen früh wirst wach.

Nicht Ratzen poltern, oder Katzen,
Dir über'm Schlafgemach fürwahr:
Mit schweren Schritten, plumpen Tatzen,
Der Handwerksleute rohe Schaar.

Du aber lenkst die Poltergeister
Mit Wink und Wort nach deinen Plan,
Als Obermeist'rin aller Meister
Ist dir das Bauwerk unterthan.

Du hast auf dich die Müh' genommen,
Und mir die Muße zugewandt;
Und wenn zu mir die Musen kommen,
So hast du selber sie gesandt.

Darum auch alles, was sie bringen,
Soll deinem Lob gewidmet seyn;
Und kann ich Tags dich nicht umschlingen,
So bin ich Nachts im Traume dein.

Und wenn du hier mich einzuholen
Im Herbste kommst, und finden sich
Zum Kranz nicht Rosen und Violen,
Mit meiner Liebe kränz' ich dich.

Und führst du mich zur Winterklause,
So sollst du, baue jetzt nur fein,
Die Herrin seyn im ganzen Hause,
Und ich in jedem Zimmer dein.[125]

Natürlich ist Luise gerührt, als sie den Brief erhält, und antwortet: »Geliebter Mann! Ich weiß gar nicht wie ich Dir meine Freude über Deinen herrlichen, liebevollen Brief genug ausdrücken soll. Es ist wohl wahr, daß ich mich jetzt zusammennehmen u meine Kräfte brauchen muß, aber dies war ein überreicher Lohn für alle Mühe, für allen Staub, für alles Zuhausebleiben, u hat mich recht gestärkt.«[126]

Das eigene, mit so viel Mühe hergerichtete Haus konnten Rückerts nur kurze Zeit genießen. Im Sommer 1841 bekam der berühmte Gelehrte einen Ruf an die Universität Berlin als ordentlicher Professor für Orientalische Sprachen. Gleichzeitig wurde ihm der ehrenvolle Titel »Geheimer Regierungsrat« verliehen. Sein Gehalt in der Hauptstadt Preußens war mit 3000 fl im Jahr mehr als doppelt so hoch wie in Erlangen. Dazu konnte er noch aushandeln, daß er nur im Wintersemester lesen mußte und den Sommer mit Studien auf seinem Landgut in Neuses verbringen durfte. Auch daß ihm (für die damalige Zeit sehr großzügig) die Gewährung einer Pension zugesichert wurde, bestärkte ihn in dem Entschluß, der fränkischen Universität den Rücken zu kehren. Bereits einige Jahre früher hatte man sich in Berlin für ihn interessiert, wie aus einem Brief von Luise vom 4.5.1835 hervorgeht: »Von Berlin aus (doch dies nur unter uns) scheint man ernstlich an ihn zu denken, obgleich gerade keine leere Stelle für ihn da ist. Der Kronprinz will es aber möglich machen. R thut aber keinen Schritt entgegen, da jener Ort nicht sein Wunsch ist. Von München spricht man auch, dies that man schon öfter, ohne daß etwas erfolgte. Dies sind lauter Sachen, die man am besten Gott befiehlt ...«[127] Auch die Universität Halle hatte sich um ihn bemüht, sodaß Luise verwundert feststellte: »Es scheint als wenn R. nun plötzlich das Gereiße bekäme ...«[128]

Im Jahr 1840 hatte der Kronprinz als Friedrich Wilhelm IV. den preußischen Königsthron bestiegen. Man nennt ihn den »Romantiker auf dem Thron«, da er ein Freund der Musen war und Berlin zu einer Kulturstadt machte. So berief er an die 1810 gegründete Universität eine Reihe von bedeutenden Gelehrten wie die Brüder Humboldt, die Brüder Grimm, Schelling und viele andere. Auch Dichter wie Tieck, Maler wie Kaulbach und Cornelius oder Architekten wie Stüler und Schadow wurden von ihm unterstützt und gefördert.

Rückert war 53 Jahre alt, als er diese letzte große Chance erhielt. Die preußische Hauptstadt lockte ihn nicht nur wegen der hohen Ehre und der besseren Besoldung, sondern wegen der interessanten Menschen, die er dort antreffen würde. Auch hoffte er, eine Möglichkeit zu bekommen, im dortigen Theater seine Dramen zur Aufführung zu bringen. Für die Familie war die Aussicht, aus Franken wegzugehen, nicht leicht. Schon 1835, als zum ersten Mal die Rede von

Berlin war, hatte Luise an ihren Vater geschrieben: »Ich sehne mich nicht vom ›öden Erl.‹ weg, da ich, wie R. mich ja selbst in die Stille zurückgezogen haben, da es hier Gesellschaft u Verkehr genug gäbe, am meisten würde ich die Nähe von euch u meinen Gräbern bedauern …«[129] Noch im Frühjahr 1841 hatte sie gehofft, »nicht nach dem unerwünschten Berlin« zu müssen. Auch die Söhne waren keineswegs begeistert über diesen Wechsel. Aber schließlich rang sich Rückert doch dazu durch, seine Karriere in Berlin weiter zu verfolgen. Als alles entschieden war, traf er Anweisungen im Hinblick auf die beiden Kindergräber auf dem Neustädter Friedhof: »Es ist gut, daß auf unsere Gräber ein einfacher Stein mit Inschrift komme, u zwar zwischen beide Gräber in der Mitte … Unten am Stein, gegen die Kirche, könnte noch ein hochwachsender Baum gepflanzt werden. Diese beiden habens am besten, daß sie nicht mit zu wandern brauchen.«[130] Der Baum, eine riesige Birke, überschattet heute die Inschrift auf dem Grabstein:

Hier ruhen
zwei geliebte Kinder
Ernst Rückert,
geb. 4. Jan. 1829.
gest. 16. Jan. 1834
Luise Rückert
geb. 25. Juni 1830.
gest. 31. Decbr. 1833.

Darüber steht auf einer Holztafel zu lesen:

Die von mir das Leben hatten,
Haben es zu früh verloren;
Soll die Mutter ihrem Gatten
Haben sie umsonst geboren?
Nein, ich hab' es mir geschworen,
Euer Leben fort zu dichten,
Daß mir nichts es kann vernichten.

Herbst

Für Luise brach nun eine schwere Zeit an. Sie war wieder einmal allein zuständig für die Auflösung des Haushalts. Zu allem Unglück fühlte sie sich nicht wohl, und man kann eine Briefstelle so deuten, daß sie im Sommer 1841 eine Fehlgeburt hatte: »So hat also Dein Übelbefinden einen Ausweg genommen, über den wir uns unter den jetzigen Umständen freuen dürfen; jetzt schone Dich nur noch fein, u laß Dir von den Freunden u Freundinnen helfen ...«[131] Rückert im ruhigen Neuses hatte gut raten. Die Erlanger Freunde halfen zwar so gut sie konnten, aber in den fast 16 Jahren hatte sich trotz der vielen Umzüge reichlich Hausrat angesammelt, und Luise hatte offenbar Probleme, sich von den lieb gewordenen Stücken, an denen viele Erinnerungen hingen, zu trennen. Ein Möbeltransport war sehr teuer, zudem wurden die Sachen auf den schlechten Straßen so durchgeschüttelt, daß sie Gefahr liefen, beschädigt anzukommen. So mußte vieles verkauft oder versteigert werden, was Zeit und Kraft erforderte. Inzwischen wurde Rückert als Strohwitwer immer ungeduldiger: »Geliebte Luise! Nun mach!

um Gotteswillen, daß Du endlich fertig wirst u kommst. Hätte ich dieses Trödeln vermuthet, so würde ich selbst geblieben oder wieder gekommen seyn um Kehraus zu machen ... Doch ist es unrecht, daß ich noch zanke; komm nur endlich u es ist alles gut ... Von ganzem Herzen und voll Sehnsucht nach Deiner Ankunft Dein Rückert.« Neuses, 26.8.1841.[132]

Den September verbrachte die Familie gemeinsam in Neuses. Dann ging Heinrich zum Studium nach Bonn und der Vater zunächst allein nach Berlin. Am 5.10.41 schrieb er den ersten Brief aus Berlin »An die Geheime Regierungsräthin Rückert Hochwohlgeb.«: »Geliebte Frau! Glücklich bin ich vor gestern Abends hier am Orte der Bestimmung angekommen, und morgen früh werd' ich unser Quartier beziehen. Meubliert hab' ich nur mein Zimmer, und das übrige bis zu Deiner Ankunft verspart. Doch wirst Du aufgeschlagene Betten, Stühle u Tisch finden ... Nun wünsche ich nichts, als daß Du schon hier wärest; nun! es sind nur noch 12 Tage der unerfreulichen Junggesellenwirthschaft; denn ich rechne bestimmt darauf, daß du am 18ten eintriffst ... Denke nur ja nicht, daß etwas zu zögern wäre ...«[133]

Den herben Ton, den er manchmal anschlug, bedauerte er meist sogleich und schickte oft am gleichen Tag noch ein Gedicht, das seine Reue zeigt:

Heut morgens schrieb ich Dir in Prosa,
Was Dir vielleicht hat weh gethan;
Nun beicht' ich abends Dir sub rosa
In Versen: kehr Dich nicht daran!

Ich mußte Luft der Unmut machen,
Von allen Seiten im Gedräng.
Komm, und die Welt will ich verlachen
Das steife Staats- und Hofgepräng.

Die Qual des Fracks und runden Hutes,
Dazu den Druck vom knappen Schuh,
Will ich vergessen frohen Mutes,
Wenn ich in deinen Armen ruh.[134]

Mit großen Erwartungen war Rückert nach Berlin gegangen. Der König selbst hatte sich für den berühmten Dichter und Gelehrten eingesetzt. Aber der Sprung aus der Idylle der Kleinstadt Erlangen in die Großstadt Berlin, die um das Jahr 1840 ca. 300 000 Einwohner hatte, dazu das aufwendige gesellige Leben, die ständige Hektik, vor allem aber die häufigen Trennungen von seiner Frau und der Familie verleideten dem großen Einzelkämpfer, der ja schon fast ein Einsiedler war, sehr schnell das Leben im Norden. Noch schwieriger als für ihn gestaltete sich dieses Wanderleben allerdings für Luise und die Kinder. Schon die Fahrt von Neuses nach Berlin war jedesmal ein Abenteuer. Zwar gab es inzwischen als große Neuerung die Eisenbahn, aber die führte noch lange nicht nach Coburg. So erforderte jedesmal die Reise eine generalstabsmäßige Planung. Am 5.10.1841 gab Rückert seiner Frau genaue Anweisungen: »Für die Eisenbahn bemerke ich noch: In Leipzig mußt Du bis Berlin ein ganzes coupé (Wagenabtheilung) von 8 Plätzen nehmen, damit kein fremder lästig zwischen euch geschoben wird. Die Plätze behältst Du dann bis Cöthen, halbwegs Berlins; daselbst besteigt man einen neuen Wagenzug … Eure Nachtsäcke u allerlei in Händen getragenes gebt ja nicht mit zum Gepäck ab, sondern nehmt es mit euch zum Einsitzen, damit wirs bei der Ankunft in Berlin gleich haben …«[135] Wir können noch ergänzen: Und das ganze mit drei kleinen Kindern. Marie war sechs, Fritz vier und Anna zwei Jahre alt, als sie mit der Mutter diese weite Reise unternahmen. Das Reiseabenteuer beschrieb Anna später so: »In der großen Neußeser Familienkutsche ging es den ersten Tag über den Thüringer Wald nach Saalfeld, wo bei Vetter Emil Rückert einen Tag gerastet wurde. Dann ging es mit dem Wagen weiter über Gera, Zeitz nach Leipzig, wo die nach Berlin führende Eisenbahn erreicht wurde.«[136] Von Leipzig bis Berlin dauerte die Fahrt dann noch einmal acht Stunden. Das war eine große Verbesserung im Vergleich mit den rumpelnden Postkutschen. Daß man trotzdem damals der neuen Errungenschaft skeptisch gegenüber stand, zeigt ein Brief, den Luise am 17.9.1844 an ihre Mutter schrieb, in dem sie die günstigste Reisemöglichkeit zu ihrer Schwägerin Sophie Kremer geb. Rückert erwägt, die mit einem Pfarrer in Hornberg in der Pfalz verheiratet war und sehr um einen Besuch der Verwandten gebeten hatte: »Nun meint R., doch endlich heuer ihr diesen Wunsch zu gewähren, will aber nicht ohne mich gehn. Marie würden wir mitnehmen u August, als Reisestallmeister, aber für die 2 Kleinen wärs bedenklich, da es so weit (bey Zweybrück.) ist u man die Eisenbahn u Dampfschiff, was für Kinder immer bedenklich ist, benutzen muß.«[137] Nach Coburg zu kommen, war vor allem von Norden her noch lange Zeit schwierig. Meist fuhr man mit der Bahn bis Gotha oder Eisenach und drang von dort aus weiter nach Süden vor. Die Söhne, aber auch Rückert legten die Strecke oft zu Fuß zurück. Fußmärsche von Stunden oder Tagen, ja sogar Wochen waren damals ganz üblich. So liefen die Rückertsbuben schon im zarten Alter von Erlangen aus zu den Großeltern nach Schweinfurt, und Heinrich Rückert wanderte nach dem Abitur zusammen mit seinem Freund Siegfried Pfaff von Franken bis nach Oberitalien. Nun, zu Fuß mußte Luise mit den kleinen Kindern nicht gehen, aber auch mit den damaligen Verkehrsmitteln war jede Reise eine gefährliche und aufwendige Unternehmung, zumal man mit dem Gepäck ja auch eine Grenze mit Zollkontrollen überwinden mußte.

Die Tochter Anna berichtet, Rückert sei im Tiergarten spazieren gegangen, als Bettina von Armin sich auf ihn stürzte und ihm zurief: »Machen Sie, daß Sie nach Hause kommen, Rückert, eben ist ein Wagen mit vielen kleinen Kindern u. vielem Gepäck in die Schulgartenstraße hereingefahren! Das kann nur Ihre Familie sein!«[138] Trotz der Größe hatte auch Berlin noch durchaus dörflichen Charakter bewahrt! Über die erste Berliner Wohnung erfahren wir von Rückerts Biographen Conrad Beyer: »Seine Wohnung befand sich in der Schulgartenstraße, gegenüber der Stadtmauer, über welche hinweg die Aussicht auf die weiten Gärten und die Parks der Paläste der Wilhelmsstraße ging. Sie war trotz der Entfernung der inneren Stadt nicht unbelebt und abgelegen. Die Schulgartenstraße bildete eine Seite des sog. Geheimrathsviertels und die Grimms, Cornelius, der Maler Hermann und andere Freunde Rückert's wohnten in der Nähe.«[139] Vom Schnitt her war es eine typische bürgerliche Mietwohnung in Berlin: »Unser Quartier ist geräumig genug, nur fordert das Ineinanderlaufen der Zimmer, ohne scheidenden u verbindenden Vorplatz oder Corridor, einige Calcül der Eintheilung ...«[140]

Am Weihnachtsfest 1841, dem ersten in Berlin, hatte Luise große Sehnsucht nach der Mutter und den Söhnen Heinrich und August. Heinrich studierte seit dem Herbst in Bonn, und August hatte in Bayreuth eine landwirtschaftliche Ausbildung begonnen. Daß Frau Rückert sich auch um die Söhne sorgte, die nicht mehr zuhause wohnten, entnehmen wir einem Brief, den sie im März 1841, noch von Erlangen aus, an August gerichtet hatte: »Das Paket sende ich morgen oder übermorgen wo der Baireuther Bote erst geht, von hier an Dich ab, da wirst Du die Stiefel, 2 Hemden, 1 Weste, 1 Pr Socken u Staubhemd auch Deinen Mantel erhalten. Laß in den Kragen keine Motten kommen. Wickle ihn in das Coffertuch u streu gestoßnen Pfeffer besonders auf den Pelz ...«[141] Und Heinrich fragt sie: »Was hast Du für ein Bett? u hast Du Dir ... ein Kissen zu Füßen geben lassen? denn die rheinischen Betten sind nicht gut u warm u zahl lieber etwas mehr dafür. Schreibe ja darüber u folge mir. Auch ziehe immer hübsch reine Hemden und Chemisetten an. Fehlen Dir noch dergl. so kaufe einige ...«[142]

Noch 1845, als Heinrich schon Privatdozent war, machte sie sich Gedanken wegen seiner Garderobe: »Es ist mir gar nicht lieb, daß Du Deine Sommerkleider selbst ausgewählt hast, denn Du hast gar kein Geschick dazu und mußt doch jetzt besonders sauber u anständig auftreten. Diesen Punkt lasse ja nicht aus den Augen. Man vergiebt kaum einem alten Manne Rücksichtslosigkeit in diesem Stück – einem jungen niemals ...«[143]

Der Neubeginn in Berlin war für Luise nicht leicht. Sie hatte Heimweh nach Franken, vor allem nach den Freunden dort, und schrieb resigniert an ihren Ältesten: »Nun es war nicht mein Wunsch, ich mußte Alles geschehen lassen, und so muß ich mich auch in Gottes Namen drein schicken, denn so schön Berlin ist, so ginge ich doch mit höchster Freude gleich wieder ins stille Erlangen. Der Vater lebt auch so eingezogen hier, wie dort. Nur daß er hier immer viel Besuche hat, er erwiedert aber keinen, u so wenig er sich wieder nach E. zurück wünscht, so freut er sich doch auf den Frühling, nach Neus. Deinen Brüdern gefällt es, doch spricht Carl auch schon davon, wo anders, eine Zeit wenigstens, zu studieren. Die jungen Leute sind hier einander fremd u halten gar nicht wie in andern Universität. zusammen. Das hat sein Schlimmes aber auch sein Gutes, denn von Bierkneiperey kann hier keine Rede seyn.«[144]

Aber wie es ihre Art ist, macht sie das Beste aus der Situation. Sie geht ins Theater, richtet einen Gesellschaftsabend ein, dessen Nutzen ihr Mann so beschreibt: »Leute kommen, von denen ich das Nöthigste von Stadt u Welt erfahre ...«[145] Ende Februar 1842 kann Luise an Heinrich schon ganz zuversichtlich schreiben: »Ich bin schon ganz eingewohnt, u wenn nur Vater umgänglicher wäre, so hätten wir – zu viel Umgang, denn die Leute hier sind gar artig u freundlich. Auch das Theater wird Dich anziehen. Ich gehe meist 1 mal die Woche hin ...«[146]

Viel Zeit zum Einleben blieb ihr nicht, da sich Ende April das Ehepaar mit den drei Jüngsten wieder nach Neuses begab, während Heinrich aus Bonn nach Berlin kam und sich dort um die Brüder Karl und Leo kümmerte.

Wieviel Arbeit in Neuses auf die Hausfrau wartete, als sie nach einem halben Jahr wieder zurückkehrte, können wir uns lebhaft vorstellen. Allerdings verbrachte ihre Mutter einen großen Teil des Jahres auf dem Gut und sah nach dem Rechten.

Am 18.9.1842 reiste Luise Rückert mit den kleinen Kindern wieder nach Berlin. Diesmal nahm sie den Umweg über Bayreuth, um ihren Bruder zu besuchen und August abzuholen. Rückert blieb unter der Obhut der Schwiegermutter zunächst noch in Neuses zurück. Aber diese Lösung war denkbar ungünstig. Schon von Anfang an war das Verhältnis zwischen dem Schwiegersohn und der Schwiegermutter nicht sehr gut gewesen. Man muß leider sagen, daß Luise daran nicht ganz unschuldig war, denn in den Briefen an die Mutter beklagte sie sich oft über die Eigenheiten ihres Mannes. Dazu war Frau Fischer, die selber nur zwei Kinder gehabt hatte, nicht begeistert über den Kinderreichtum der Tochter, den sie natürlich auf dem Negativkonto Rückerts verbuchte. Immerhin hat sie die Tochter, an der sie in inniger Liebe hing, nie im Stich gelassen. Sie hat jahrelang den ältesten Enkel betreut, um Luise zu entlasten. Sie half bei den Wochenbetten und in Krankheitszeiten. Aber nun merkte sie, und das beweist ihre Klugheit und ihr Taktgefühl, daß sie nicht mehr gebraucht wurde und daß es für alle Beteiligten besser war, wenn sie »nur als Gast im Sommer, nicht als Mitregentin« in Neuses weilte. Rückert war sehr erleichtert über diesen ihren Entschluß, »sich nun häuslich in Baireuth« einzurichten, und er beschwor seine Frau, ihre Mutter nicht umzustimmen: »Danke Gott, der es ihr eingegeben, sich von uns im Guten zu trennen, eh es im bösen geschehn, was nicht lange mehr hätte ausbleiben können ...«[147]

Wie schwierig es für Luise oft war, zwischen ihrem Mann und der Mutter zu vermitteln, zeigt ein Brief an den Vater vom 4.5.1835. Normalerweise hatte Luise die Briefe der Mutter Rückert in Auszügen vorgelesen. Aber einmal hatte er gegen seine Gewohnheit einen selber geöffnet und darin Dinge gelesen, die ihn sehr erschütterten. »Er meint die gränzenlose Verachtung der Mutter, besonders gegen ihn, habe er sich nie so gedacht ... Wirklich diese schmachvollen Ausdrücke verdient er u ich nicht, wenn ihm auch die Mutter nicht die Achtung schenkt, die er doch allgemein genießt, so sollte sie doch Rücksicht meinetwegen nehmen. Ich stehe dabey am übelsten, zwischen 2 Partheien, das kannst Du denken. Er sagt, er begreife auch nicht, wie Du, liebster Vater, der den Brief doch gelesen, ihn habest absenden können ... Ich gebe zu u sagte es auch immerwährend R., der Grund davon sey doch eigentlich nur besorgte Liebe, die ich ja reichlich schon von der Mutter erfuhr, doch kann er sich gar nicht erklären wie Liebe solche Ausdrücke des ärgsten Hasses brauchen könne ... Mein heißer Wunsch ist nur noch der: daß sich dies Mißverständniß bald lösen möge, wie? weiß ich freilich jezt nicht ...«[148]

Bei allen – berechtigten oder unberechtigten – Vorbehalten gegen seine Schwiegermutter versuchte Rückert doch immer wieder, sie zu verstehen, und erfreute sie mit sinnigen Geschenken, wie ein Brief der Mutter an die Tochter vom 31.7.1839 zeigt: »Eine unendliche Freude bereitete mir Rükkert diesen Morgen, ich fand auf meinem runden Tisch am Sopha zwey schöne, volle Rosen mit einem Gedicht und die Brahmanischen Erzählungen:

Zum lezten July bring ich Dir,
Den Tag zu schmücken, welcher Dich geboren,
Die lezten Rosen aus des Lenzes Füllhorn hier
Die er beym Abschiednehmen noch verloren.
Wie wenig auch, so sind sie doch genug,
Um Dir den liebevollen Gruß zu sagen:
Wie Dir bisher Dein Garten Rosen trug,
Soll er Dir auch in Zukunft Rosen tragen.«[149]

Daß er Luise das Zusammensein mit ihrer Mutter gönnt und auch anerkennt, was sie immer wieder der Familie an Gutem erweist, ersehen wir aus einem Brief vom 7.2.1844: »Noch ein Wörtchen über Deine Mutter. Ich habe durchaus nichts dagegen, sie bei meiner Ankunft noch vorzufinden. Solange sie sich mit Dir u meiner Hausordnung verträgt, werde ich sie gern bei mir sehn, wenn sie den Sommer lieber bei Dir als in Baireuth ist.«[150]

In ihren Erinnerungen schildert Luises jüngste Tochter Anna ihre Beobachtungen: »Das Verhältnis der Großmutter zu meinem Vater blieb ein kühles, sich in den Grenzen äußerer Höflichkeit bewegendes. Daß es zu tieferen Differenzen gekommen ist, glaube ich nicht – wenigstens verspürten wir Kinder nie etwas davon. Viel später wurde mir klar, daß die Sorge um die Tochter, deren zarten Schultern sie Lasten auf Lasten aufgelegt sah, Schuld an dieser Entfremdung war. Die Mutter trug für den Vater die Sorgen des Alltags. Sie mögen nicht klein gewesen sein bei der großen Kinderschar, dem einfachen, aber reichlich gut geschnittenen Haushalte mit der nach allen Seiten hin großzügig geübten Gastlichkeit …«[151]

Den Winter 1842/1843 verbrachte die Familie Rückert

wieder in Berlin, allerdings äußert sich der Familienvater einem Freund gegenüber nicht gerade begeistert: »Ich habe von meiner Stellung dort nichts als den wesentlichen Vortheil, von Erlangen befreit zu seyn; sonst ist Berlin mir nichts, u ich ihm auch nichts, doch einige Wintermonate kann ich dort leidlich für mich in der Stille zubringen.«[152] Da für Luise und die Kinder dieses Umherziehen auf Dauer unzumutbar war, blieb sie nach drei Wintern in Berlin künftig ganz in Neuses. Die Begründung gibt uns wieder die Tochter Anna: »Der Winter verlief aber stiller, als der vorige. Anfangs wurde auch noch Geselligkeit gepflegt, aber es zeigte sich, daß sich Frau Luise doch durch das bewegte Leben in Berlin zu viel zugemutet hatte. Es stellte sich öfter's wiederkehrender Bluthusten ein. Der Arzt hatte Pflege und große Schonung angeordnet und so entschloß sich Rückert kurz zu einer entscheidenden Veränderung. Die große Wohnung in Berlin wurde aufgegeben und Ende März siedelte die Familie nach Neußes über. Die älteren Söhne waren schon, teils auf der Universität, ein Sohn auf einem auswärtigen Gymnasium. Für die jüngeren wurde in Neußes eine Gouvernante genommen und die größere Ruhe, die Frau Luise jetzt in Neußes fand, wirkte sehr wohlthätig auf ihre Gesundheit.«[153] An anderer Stelle berichtet Anna, im Gegensatz zum Vater sei die Mutter im Grunde gern in Berlin gewesen: »Später erzählte sie mir aber oft in hellem Entzücken von den schönen Stunden, die sie dort verlebt hatte. Die Eltern sahen sich in Berlin von einem Kreis bedeutender Menschen umschlossen. Humbold, Grimms, Schellings, Winterfelds und viele andere Träger berühmter Namen kamen allwöchentlich an ihren offenen Abenden zusammen.«[154]

Im Wintersemester 1843/1844 reiste Rückert allein mit seinem Maler-Freund Barth nach Norden. Nun wurde eine kleinere Wohnung gesucht: »Eine unmöblirte Wohnung von drei Zimmern, ein Arbeits- u Wohnzimmer für mich, eine Schlafkammer für mich, u ein zugleich Wohn- und Schlafzimmer für Freund Barth.«[155] In einem Haus in der Behrenstraße 65, in dem der Anatom Robert Froriep lebte, mit dessen Familie sich Rückerts schon früher angefreundet hatten, fand er nicht nur die gewünschte Bleibe, sondern auch den Familienanschluß, für den der Strohwitwer äußerst dankbar war. Die Söhne Heinrich und Karl, die beide in Berlin studierten, lebten ganz in der Nähe und versuchten rührend, den Vater über die Abwesenheit der restlichen Familie hinwegzutrösten.

Im Februar 1844 freute sich Rückert über den Gesang der Vögel, die das Ende des Winters in Berlin ankündigten. Aus der Ferne erteilte er Luise Anweisungen für die Anlage des Gartens, den Umbau des Wohnhauses und den Neubau eines Sommerhäuschens auf dem in der Nähe des Gutes gelegenen Goldberg. Zum Glück waren die Handwerker, die schließlich im Frühling 1846 mit der Arbeit begannen, nach dem Zeugnis von Anna willig und geschickt: »Frau Luise war natürlich wieder die Bauleiterin. Doch hatte sie hier viel weniger Ärger u. Mühe wie bei dem früheren Erlanger Bau, da sie mit zuverlässigeren Arbeitsleuten zu thun hatte.«[156] Aber Rückert gab nicht nur Anweisungen, er fragte seine Frau auch nach Wünschen: »Was soll ich Dir u dem Hause denn von den hiesigen Kostbarkeiten mitbringen? Schicke mir ein Verzeichnis. Küsse die lieben Kinder von mir, sie sollen ihren Vater fein nicht vergessen, der gar oft ihre Bilder hier ansieht. Sei mir selbst 1000 mal geküßt.«[157]

Nachdem sich die Bilder der früh verstorbenen Kinder für die Eltern als großer Trost erwiesen hatten, ließ Rückert auch die Nachgeborenen Marie, Fritz und Anna von dem Freund porträtieren und hatte seine Lieblinge wenigstens vor Augen, wenn er allein im fremden Berlin weilte. Daß Rückert ein großer Kinderfreund war, zeigte sich schon, als er 1813 für seine dreijährige Schwester Marie »Fünf Märlein für mein Schwesterlein« gedichtet hat. Die Geschichten »Vom Büblein, das überall mitgenommen hat sein wollen«, »Vom Bäumlein, das andere Blätter hat gewollt«, »Vom Bäumlein, das spazieren ging«, »Der Spielmann« und »Das Männlein mit der Gans« gehören zu den schönsten Kindergedichten in deutscher Sprache, und Rückert hat sie sicher nicht nur der um 22 Jahre jüngeren Schwester, sondern auch den eigenen Kindern immer wieder vorgesprochen. Friedrich Rückert war kein bequemer Mensch, weder als Ehemann und Vater noch als Lehrer. Aber er war ein ganzer Mann, der seine Zeitgenossen nicht nur körperlich um Haupteslänge überragte, sondern auch geistig. Und er war ein rührender Familienvater, der mit großer Liebe an den Seinen hing und stets um ihr Wohl besorgt war. Am 4. 3. 1844 teilte Karl seiner Mutter mit: »Der Vater denkt den 16 oder 17 März abzureisen und scheint den Tag der Abreise sehr herbeizuwünschen.«[158] Bei Frau Froriep bedankte sich der Dichter mit folgenden Zeilen:

Fern der Heimat meiner Lieben,
In der Ferne fremd geblieben,
Hab' in nächt'gen Winterstunden
Ich ein tröstend Licht gefunden

An befreundten Augensternen,
Und mich still geduldn lernen
Bis zum ersten Frühlingstage,
Wo mit lautem Herzenschlage
Ich nun Dank zum Abschied sage.[159]

Der Sommer 1844 verging für Rückert mit wissenschaftlichen Studien, aber auch mit Gartenarbeit, denn Rückert besang nicht nur die Rosen nach Art der persischen Dichter, er hegte und pflegte sie auch. Wir haben wieder das Zeugnis der Tochter Anna: »Einen größeren Blumenfreund wie unsern Vater gab es nicht. Sein erster und letzter Gang im Sommer war zu seinen Lieblingen. Der Teil des Gartens vorm Haus ist heute fast unverändert, nur daß es damals etliche Beete mehr waren ... Das Schönste im ganzen Garten war das ›Rosengärtchen‹ ... Rosenguirlanden führten in dicken Bogen über den ganzen Weg und zur Zeit der Blüte konnte man sich nicht leicht etwas Reizenderes denken ...« [160] Für Luise Rückert blieb die mehr prosaische Seite des Lebens. Neben den ständigen Umbauten gab es fast jeden Tag Gäste. Am 14.10.1844, als die »Saison« langsam zu Ende ging, schrieb sie an ihre Mutter: »Du hattest Recht, da Du einmal sagtest, wir hielten ein Wirthshaus, u sollten uns ein Schild machen lassen.«[161] Gar manchmal stöhnte Luise über die vielen Besucher, die den berühmten Mann sehen wollten. Wie sie vorging, um Rückert zu Hilfe zu kommen, wenn ihn vor allem die echten oder vermeintlichen Dichter und Dichterinnen bestürmten, zeigt eine Szene, die die Novellistin Auguste Wittmann aus Darmstadt schildert: »Ich werde ewig des Tages gedenken, an welchem ich, ein ziemlich dickes Manuscript und ein Album unter'm Arm, mit klopfendem Herzen meinen Weg antrat, endlich dem verehrten Manne Aug' in Aug' gegenüber zu stehn. Es war ein herrlicher Junitag und ich überlegte hin und her die besten Worte, die mich bei ihm einführen sollten, während mich dabei noch die Furcht quälte, ihn vielleicht nicht zu Hause zu treffen. In dieser halb verlegenen und doch frohen Stimmung hatte ich rasch den Weg von Coburg aus zurückgelegt, und fand mich, verwundert über die kurze Strecke, vor Rückert's Hausthür. Eben wollte ich die Glocke ziehen, als rasch die Thüre aufging. Ein Mädchen ... trat heraus. Sie blieb stehen, maß mich mit ihren dunkeln Feueraugen von oben bis unten, strich die schwarzen Locken aus dem regelmäßigen Gesichte und fragte: ›Wünschen Sie zu meinem Vater?‹ Ich bejahte es. ›So kommen Sie, ich werde Sie zu ihm führen.‹ Ich trat mit ihr in's Haus und dann in den Garten. Im nächsten Augenblicke richtete sich Rückert, der uns wohl hatte kommen hören, hinter einem Rosenstrauche auf und ich stand vor ihm. Schnell gefaßt brachte ich mein Anliegen, so gut es eben gehen wollte, vor. Der freundliche Greis nahm mich lächelnd bei der Hand und führte mich zu einem Gartensessel. Während er, neben mir sitzend, in meinem Manuscripte blätterte, nickte er einige Male beifällig, gab mir Winke in Bezug auf meine Arbeit und unterhielt sich eine halbe Stunde lang auf das freundlichste mit mir. Gerade als ich im besten Zuge war, meine Weisheit vor ihm auszukramen, erschien eine schlichte hübsche Matrone in der Thüre. ›Fritz!‹ rief sie und winkte. Rückert stand auf, mein Besuch war zu Ende.«[162]

In dieser aufschlußreichen Beschreibung einer »Audienz« bei dem berühmten Dichter erfahren wir beiläufig, wie

Luise ihren Mann anredete, nämlich »Fritz«, wie die Verwandten in Schweinfurt. In ihren Briefen oder auch im Tagebuch nennt sie ihn immer »Rückert«.

Wie schon im letzten Winter, so zog Rückert auch 1844/1845 allein nach dem ungeliebten Berlin. So schwer es ihm auch fiel, es war doch für alle Betroffenen die beste Lösung. Im Dezember 1844 gelang es Luise endlich, das Erlanger Haus zu verkaufen, und die 5 500 fl, die Philipp Heim, ein Erlanger Freund,[163] für sie dabei heraushandelte, waren hochwillkommen, denn das Studium der Söhne und der doppelte Haushalt verschlangen große Summen. Es ist ja sehr schwierig, wenn nicht ganz unmöglich, die Lebenshaltungskosten von heute mit denen von vor 150 Jahren zu vergleichen. Immerhin kann man feststellen, daß ein Professor damals für zwei Jahresgehälter ein Haus in einer Universitätsstadt kaufen konnte. Da müßte man in unserer Zeit das Vier- bis Fünffache rechnen.

Im Februar 1849 schrieb Luise an den Sohn Heinrich: »Der Vater sagte neulich, ich wäre mit Euch so egoistisch wie eine alte Gluckhenne ...«[164] Zehn Jahre früher hatte sie ihrem Mann gegenüber geäußert: »Ich habe meine Kinder wie Du weißt, immer unendlich lieb, aber jezt, wo ich ganz u gar immer um sie bin u statt Deiner wache, scheint mirs, daß ich sie noch viel lieber habe, u es ist gar kein Opfer, daß ich immer bey ihnen bin, sondern das größte Glück für mich.«[165] Daß die Kinder dankbar sind für diese Liebe und Fürsorge, können wir in vielen Briefen lesen, so wenn Leo am 24.3.49 seiner Mutter schreibt: »Daß Du so gut fühlst, daß es meine heilige Pflicht ist dem Vaterlande zumal in solch gefahrvoller Zeit mein Leben zu weihen, hat mich tief wie Dein mütterlicher Segen gerührt und mir wieder hell gezeigt, was es für ein Glück ist, so gute treue Eltern zu haben ...«[166]

Bei aller Liebe zu ihren Kindern war Luise keineswegs blind gegenüber deren Schwächen und Fehlern und übte auch heftige Kritik, wenn sie es für nötig erachtete.

Heinrich, der älteste der Kinderschar, war ein Mustersohn. Er studierte fleißig, kümmerte sich rührend um die jüngeren Geschwister, promovierte im August 1844 mit 21 Jahren zum Doktor phil. und habilitierte sich ein halbes Jahr später. Er lehrte Geschichte, zunächst in Jena, schließlich bekam er einen Ruf an die Universität Breslau. Wenn er je Anlaß gab zu Klagen, dann nur, weil er eine schwache Gesundheit hatte und immer wieder kränkelte.

Auch der zweite Sohn Karl machte den Eltern viel Freude. Trotz seines Augenleidens war er ein eifriger Student der Medizin in Berlin und Heidelberg. Im Juli 1846 konnte der 22jährige seiner Mutter mitteilen: »Ich habe nämlich gestern ... den letzten Theil des Examens glücklich überstanden, und zwar gieng es ... recht gut, indem wir ordentlich Bescheid wußten, obgleich man durch das langweilige Lateinsprechen oft gehindert ist, das deutlich auszudrücken, was man klar weiß ... es bleibt jetzt nur noch die öffentliche Promotion übrig, und die wird, soviel mir der Dekan gesagt hat, und ich hoffe, am 19 August Statt finden.«[167] Er ließ sich später als Mediziner in Coburg nieder, und im Sommer 1848 konnte Luise stolz berichten: »Carl ist mein Arzt.«[168]

Nahmen die Lebenswege der beiden älteren Söhne einen gradlinigen Verlauf, so machte der dritte Sohn, August, den Eltern viel Kummer. Da er kein guter Schüler war, riet ihm der Vater, Landwirt zu werden, damit er später das Gut in Neuses übernehmen könne. So begann er mit 17 Jahren eine landwirtschaftliche Ausbildung in Bayreuth, in der Nähe seines Onkels Carl Wiethaus-Fischer. Dann machte er ein Praktikum auf einem Anwesen bei Darmstadt und sollte nach dem Plan der Eltern zu seiner Vervollkommnung noch die Landwirtschafts-Hochschule in Stuttgart-Hohenheim besuchen. Doch plötzlich kam er auf die Idee, doch lieber sein Abitur nachzuholen und zu studieren. Die Eltern waren skeptisch, wollten ihm jedoch eine Chance geben. Am 18.4. 1842 schrieb ihm die Mutter: »Der Vater thut u opfert gerne alles für eure Studien, wir schränken uns ein, soviel möglich, aber endlich müßt ihr euer Brot selbst verdienen lernen.«[169] Er wurde dann, zusammen mit seinem Bruder Leo, nach Schleusingen ins Internat geschickt, wo sich Direktor Hartung[170], ein dankbarer Schüler und großer Verehrer von Rückert um ihn bemühte. Er schaffte schließlich das Abitur, studierte auch kurze Zeit in Jena, übernahm aber dann doch das Gut in Neuses. Damit war zwar der Wunsch der Eltern erfüllt, aber das enge Zusammenleben von jung und alt brachte auch Probleme, und Luise mußte oft ihr diplomatisches Geschick aufbieten, um zwischen Vater und Sohn zu vermitteln.

Leo, die Nummer vier, studierte nach dem Abschluß in Schleusingen Naturwissenschaften in Berlin. Von ihm ist eine interessante Aufstellung überliefert, mit der er im März 1849 seinem Vater Rechenschaft gibt über die Ausgaben, die er im Wintersemester hatte: »So habe ich also für mich 120 rl (Reichstaler)gebraucht und glaube, daß ich so nicht zu viel gebraucht habe. Die Hauptausgaben waren nun folgende:

Mein Mittagstisch kostet täglich 5 sgr. (Silbergroschen) also monatlich 5 rl und so in den 5 Monaten 25 rl. Aufwärterin und Stiefelputzer zusammen gegen 2 rl und zusammengerechnet den ganzen Winter 9 rl Miethsteuer alle 6 Wochen 1 1/4 rl sind 4 1/2 rl. Holz und Coaks 4 rl. Abendessen und Frühstück zusammen auf 3 sgr täglich gerechnet macht monatlich 3 rl und im Ganzen 15 rl. Öl und Licht so wohl für mich als die lästige Flurlampe im Ganzen 3 rl. Barbier 2 rl. Dem Schuster 1 rl 25 sgr für Stiefelbesohlen, dem Schneider für Ausbesserung und Umgestaltung des Rockes 2 1/2 rl. Briefporto, Zusendung und Ausgaben für Arme und Kollekten gegen 3 rl. Papier Tinte Federn Bleistifte ect und Buchbinderarbeit 2 rl 10 sgr. Weihnachten u. Neujahr 5 rl. Zeichenunterricht hat mich wie ich Dir schon schrieb, 11 rl gekostet. Eine Brille, die ich mir nothwendig zum Zeichnen anschaffen mußte, – aber nicht für gewöhnlich trage – 1 1/2 rl. Zu meinem Studium habe ich einen Clobus (sic), geognostische u. geografische Karten eine Lupe, Mineralien Christallmodelle gebraucht und ich hoffe, daß Du es nicht zu viel findest. Bücher habe ich mir eine Christallografie, ein Lehrbuch der chemischen Analyse angeschafft und ein paar kleinere Broschüren, zusammen 6 rl. Kleinere Ausgaben habe ich noch nicht gerechnet auch nicht was ich für gesellschaftliche Vergnügen, Theater und Konzerte ausgegeben. Was nun meine Ausgaben im nächsten Semester oder vielmehr im ganzen Jahre betrifft, das ich hier verleben werde, wird in den gewöhnlichen Ausgaben dieses Maaß nicht übersteigen. Was die Militärgeschichte kostet, kann ich freilich nicht so genau angeben; nur dies weiß ich bestimmt: Anfang April muß ich für meine ganze Militärkleidung und Bewaffnung gegen

40 rl zahlen, wofür ich doppelte Kleidung bekomme und alles was nur zum Soldaten gehört. Außerdem muß ich mir einen Burschen halten, der meine Kleider und Stücke reinigt. Dann kosten die Wachen einige Thaler, und auch bei der Ernennung zum Unteroffizier muß man etwas springen lassen …«.[171] Leo wandte sich nach dem Abschluß des Studiums auch der Landwirtschaft zu, und da die Eltern ihm kein Gut kaufen konnten, liebäugelte er, wie viele seiner Zeitgenossen, mit einem Siedlungsprojekt im Staate Texas in Nordamerika. Zur großen Freude der Eltern blieb er aber dann doch im Lande und übernahm schließlich das Gut seines Schwiegervaters in Belrieth bei Meiningen.

Die älteste Tochter Marie hatte einen schwierigen Charakter. Schon über die Sechsjährige hatte die Mutter geklagt: »Marie macht mir viel Noth, sie ist sehr unartig und wie von einem bösen Geist hier besessen. Gott gebe, daß sie wieder anders wird, ich u der Vater müssen sie oft strafen.«[172]

Die beiden Jüngsten, Fritz und Anna, machten zunächst noch wenig Umstände, wenn auch Luise im Mai 1849 seufzt: »Wenn nur die Kleinen erst auf eigenen Füßen ständen, dann wäre mein Tagewerk vollendet.«[173]

Noch zwei lange Winter verbrachte Rückert allein oder mit einem der Söhne in Berlin. Wie exotisch er sich dort ausnahm, beschreibt einer seiner Schüler, der bedeutende Indologe Max Müller: »Ich selbst brannte auf seine Bekanntschaft. Der König befahl ihn zur Tafel … Bei Tisch bat ich den königlichen Gastgeber, mir den Dichter … zu zeigen. ›Da!‹ sagte der König, ›Der breitschultrige Bauer, der da ein großes Stück Brot mit den Ellbogen auf dem Tisch verzehrt, das ist unser Dichter!‹«[174]

Auch die Begegnung in der Wohnung des Professors war zunächst nicht vielversprechend: »Er trug einen langen Schlafrock, und sein in der Mitte gescheiteltes Haar hing wild um seine Schläfen. ›Wozu wollen sie denn Persisch lernen?‹ fragte er, nicht gerade ermutigend.« Schließlich konnte der junge Student Rückert von seinen ernsten Absichten überzeugen, und damit war das Eis gebrochen: »Er war ein herzgewinnender Lehrer ... Als er nun gar erfuhr, daß ich der Sohn seines alten Freundes Wilhelm Müller sei, kannte seine Freundlichkeit gegen mich keine Grenzen ... Es war ganz erstaunlich, was für ein Wissen sich dieser Riese ohne Anleitung erarbeitet hatte ... So ein ehrlich Arbeitender wie Rückert kann seinen Schülern in einer Stunde mehr bieten als andere in einem ganzen Semester fertig bringen.«[175]

Am 17.3.1848 verließ Rückert die preußische Hauptstadt, in der er nicht heimisch geworden war, und kehrte nie mehr zurück. Es zog ihn in die Einsamkeit von Neuses, und wer ihn sehen wollte, mußte in das kleine Dorf im Itzgrund pilgern. Und es kamen viele! Sie wurden alle empfangen, die einen mehr, die andern weniger freudig. Ein sehr willkommener Gast war der Komponist Carl Loewe, der im August 1846 nach Neuses kam und das Idyll ausführlich beschreibt: »Er erzählte mir, daß Rückert ein halb Stündchen von hier in Neuses wohnt, einem Landsitz, den er mit seiner Frau Gemahlin erheirathet hat. Ich nahm sogleich den Vormittag wahr und spazierte an den schönen Wiesen und Felsenufern der Itz, auf sanftem, schattigem Wege dorthin. Ich fand ihn in der Laube, im Gespräch mit einem Universitätsfreunde ... und ich wurde im Bunde der Dritte. Sein Garten ist hübsch, mit schönen Weinanpflanzungen versehen. Rückert ist einen

Kopf größer als ich und hager, sein Gesicht ist ernst und deutet auf Gemüth; tiefe braune Augen sehen unter beschatteten Wimpern sprechend hervor. Wir sprachen viel mit einander durch. Er stellte mich seiner Gemahlin vor, und beide baten mich, ihr einfach ländliches Mahl zu theilen. Ich nahm es gern an. Wir waren sehr munter. Die Frau Geheimräthin ist eine liebe Frau, von großer Bildung, welche sie aber nicht geltend zu machen bestrebt ist. – Vier blühende Kinder saßen an der Tafel. Rückert sagte, ehe wir uns setzten: ›Marie bete!‹ Und die Kleine sprach Luther's Tischgebet: ›Aller Augen warten auf Dich, Herr, und du giebst ihnen ihre Speise zu seiner Zeit, und sättigest Alles was da lebet mit Wohlgefallen.‹«[176]

Über die Geselligkeit im Hause Rückert schreibt Heinrich aus seiner Erinnerung: »Ein buntes, aber höchst geistvolles, gehaltenes, geselliges Leben wogte damals in Neuseß. Die Mutter stand noch mit ihren alten Freundinnen in Coburg im regsten Verkehr. Darunter waren fast alle originelle oder bedeutende Persönlichkeiten. Stockmars Riekchen, wie sie traditionell im Rückert-Hause genannt wurde, die Schwester Christians von Stockmar, beweglich, lustig, gescheit, immer in Flor und Bändern flatternd, denn sie verkehrte viel beim Herzog und der Herzogin; die alte Frau von Holleben, eine ernste biedere Soldatenfrau, Kopf und Herz auf dem rechten Fleck; die wackere alte Rottenbacherin, Pfarrfrau Muther, praktische Hausfrau, Mutter trefflicher Söhne, heute noch alle drei lebensfrische Frauengestalten trotz ihrer achzig und neunzig Jahre. Auch die Großmutter hatte noch ihre alten Kreise aus einer fast versunkenen, aber sehr respectablen Vergangenheit. Bedenkt man, daß Stockmar und Wangenheim[177] die gewöhnlichen täglichen Gäste in Neuseß waren, so erhält man einen Begriff, was damals in Neuseß aus- und einging.«[178]

Ein solches geselliges Beisammensein schildert Luise recht launig ihrem Sohn Heinrich am 18.5.1846: »Der Geburtstag des Vaters ist statt des 16, wo gerade Sonnabend war, am Sonntag, also gestern zugleich mit Annchens ihrem gefeiert worden. Vormittag wurde, wie Anne sagt, bescheert, wobey viel schöne Blumenstöcke paradirten. Nachmittag hatte der Vater es angeordnet, daß der Goldberg eingeweiht werden sollte. Also kamen bey schon bedenklich trübem Himmel Schelers, der Minister, die Prätor mit Fräulein S. u Henkels, auch endlich Stockmars Riekchen angezogen, der Caffee wurde schon unter tröpfelndem Regen auf dem geschützten Balcon getrunken, dann aber tratschte es, wie die Coburger sagen, u so zogen wir herunter, ohne Ordnung, ganz zersprengt, u hier wurde noch dicke Milch auf den Schreck, genossen, der Minister nahm einen Theil der leidenden Frauenzimmer in seinen Wagen, den andern Theil ließen wir hineinfahren, wobey auch Scheler u August als Schutzherrn waren. So wurde aus der Einweihung eine Einweichung, hat aber wohl Niemand geschadet. Gesellschaft will ich aber so bald nicht wieder oben geben.«[179]

Manchmal nahmen aber die Besuche überhand, und Luise stöhnte: »Käme nur, während Ihr hier seyd, kein fremder Gast! mir ist Ruhe so nöthig, u auch dem Vater ...«[180] Man kann sich lebhaft vorstellen, daß die ständigen Gäste nicht nur ein zeitliches, sondern, vor allem für die Hausfrau, ein kräftemäßiges Opfer forderten, ganz zu schweigen von den Kosten, die trotz der Bescheidenheit der Bewirtung anfielen.

Daneben war es aber für das Ehepaar Rückert eine Selbstverständlichkeit, sich um diejenigen zu kümmern, die Hilfe nötig hatten. Wir haben hier wieder den Bericht von Anna: »Wenn gebacken wurde ließ die Mutter jedesmal einige Brode für die Ärmsten mitbacken. In der Woche hatte sie ihre Suppenweiber als Gegenstück zu des Vaters Suppenmännern. Unter diesen war einer, den wir alle nicht leiden konnten: der alte Henning. Der gute Vater trug diesem die Suppe immer selbst hinunter, weil er behauptete, wir ließen seinen armen Henning zu kurz kommen. – Um die Mittagszeit kamen zu diesen Einheimischen fast täglich noch fremde Gäste. Vom Pfarrer herübergeschickt oder sich selbständig einstellend. Die Wohltätigkeit des Vaters war eine grenzenlose – ich hörte ihn einmal meiner Mutter gegenüber klagen, sie möge ihm nicht so viel Geld in die Tasche stecken, es würde ihm doch unterwegs abgenommen. Er schenkte alles her. Dabei ging er selbst in geflickten Kleidern. Ich weiß noch von einer alten Hose von der unser alter Schneider Rösch feierlich erklärte: ›Herr Geheimbter Rat, die geht nimmer!‹ ›Freilich geht sie noch!‹ sagte der Vater und zog die mühsam zusammengebastelte wieder an. Alles, was hilfsbedürftig und arm war, hängte sich an ihn.«[181] Rückerts Großzügigkeit in finanziellen Dingen wird noch aus einer andern, weniger wohlwollenden Quelle bestätigt. In einem Brief vom 8.7.1844 schrieb seine Schwiegermutter aus Bayreuth an die Tochter: »Es ist doch recht ärgerlich, daß Rü. solche Geldsauger an sich hängen hat … ich will sie nicht vermehren, u sollte ich tägl. Kartoffeln essen. R. sollte solche Leute abweisen wenn sies zu arg machen, er hat doch auch Rücksicht auf die Zukunft seiner Kinder zu nehmen, die noch lange nicht ihr Brod selbst verdienen können, auch die Töchter brauchen Ausstattungen!! Gott gebe nur daß seine Herrliche Muse ihm bis in's späte Alter treu bleibt ...«[182]

Da ihr Mann so gutmütig war, mußte Luise das Geld zusammenhalten, so gut es ging. Als der älteste Sohn Heinrich sich 1850 mit Marie Stein verheiraten wollte, überwiesen ihm die Eltern 100 rthl. zu seiner Ausstattung. Aber daß er alle Kosten für die Anschaffung des nötigen Hausrats allein auf sich nehmen will, finden sie nicht in Ordnung. Seine Mutter drückt das auch ganz deutlich aus: »Du hast sparsam gelebt u schon lange nichts mehr von uns erhalten, außer Deinen Kleidern u Wäsche, also kannst Du jene Summe unbedenklich annehmen ... Marie, Du weißts, ist mir lieb wie ein Kind, mag sie nun ganz arm, oder reich sein, aber ich glaube, es hätte sich gehört, u ist überall so, daß Fortlage uns über ihre Verhältnisse einigen Aufschluß gegeben hätte, zuerst Dir u Du dann uns, das ist thöricht, dies für unzart zu halten ... Die Liebe u die Poesie ist schön, aber in der Ehe muß auch die Frau Prosa angehört werden, sie läßt sich nun einmal nicht zur Thüre hinausweisen ...«[183]

Für Gäste war das von der Lauter umflossene Gutshaus mit dem gepflegten Garten vor allem im Sommer und bei schönem Wetter ein kleines Paradies. Aber für die Hausfrau, die das ganze Jahr über, auch bei noch so widriger Witterung dort lebte, gab es oft schwere Zeiten. Wir müssen uns überhaupt vor Augen halten, wie hart der Alltag damals war: Waschen ohne Waschmaschine und Trockner, Nähen ohne Nähmaschine, jede Naht von Hand, Vorratshaltung ohne Kühl- und Gefrierschrank, die Ernährung einer Familie im Winter, wo nichts im Garten wuchs und man von Sauerkraut und den getrockneten oder eingekochten Früchten, von Pökelfleisch oder Geräuchertem leben mußte. Auch die Hühner stellten in der kalten Jahreszeit die Produktion ein, und die in Wasserglas eingelegten Eier hatten einen seltsamen Beigeschmack und konnten nicht roh verzehrt werden. Die Vorratshaltung der Hausfrau sicherte das Überleben der Familie, und zwar in allen Schichten, auf dem Land wie in der Stadt.

Ihre täglichen Sorgen vertraute Luise vor allem ihrer Jugendfreundin Luise Muther an, die als Pfarrfrau im ca. 20 km nördlich von Coburg gelegenen Rottenbach lebte: »Unsere unendlich große Wäsche ist durch das traurige Wetter, was heuer so Vieles verdirbt, noch gar nicht trocken, so daß in der nächsten Woche, weil morgen Sonnabend nichts geschehen kann, noch mehrere Tage mit hin gehen werden. Noch dazu habe ich oder eigentlich meine Schwiegertochter, so eben einen Brief aus W. erhalten, worin sich eine Freundin derselben, die wir schon im August erwarteten … auf heute ankündigt und eine Woche wenigstens zu bleiben denkt. Vermuthlich reist sie, weil sie unverheirathet ist, nicht allein –, dazu die Wäsche! – ich, ein recht schlimmes Auge! – so kannst Du denken, wie mir's ist, so lieb mir alle Gäste sind, deren in letzter Zeit täglich neue bei uns einkehren. Bei gutem Wetter ist dies eine Lust, aber bei schlechtem auf dem Lande zittert man, – denn womit den Gast unterhalten? – Ueberdem habe ich eine Köchin, die so langsam oder vielmehr so bequem ist, daß sie mit nichts zu Stande kommt und beständig Hilfe braucht. Kaum wage ich an Dich, Theuerste, noch die Anfrage zu thun: weißt Du kein ordentliches Mädchen, die sich ordentlich durcharbeiten und nur das Gewöhnliche kochen kann? Gerne gäbe ich 28 fl. Lohn, um nur meine faule los zu werden.«[184]

Faulheit ist sicher ein hartes Wort für Dienstboten, die damals Tag und Nacht für einen Hungerlohn arbeiten mußten, zum Beispiel beim Einwecken. Als sich Luise bei ihrer Freundin, Frau Muther, für einen Korb Zwetschgen bedankt, gibt sie ein Geheimrezept preis, wie sie diese kostbaren Früchte haltbar macht: »Weil die Deinen so gar schön und frisch sind, will ich davon einsieden, d.h. in Gläser, die oben wohl mit einer reinen Rindsblase verbunden sind, ausgesteinte Zwetschgen ohne allen Zucker thun, und in einen Topf mit kaltem Wasser, – zwischen die Gläser viel Heu und so über's Feuer stellen. Wenn es anfängt zu kochen, ½ Stunde pünktlich kochen lassen, dann abgesetzt und erst am andern Morgen die erkalteten Gläser herausgenommen ... Man muß aber beim Einfüllen oft unten mit der flachen Hand klopfen, daß sie sich etwas zusammensetzen und mehr hineingehen ... so schmecken sie ganz herrlich im Winter. (Auch steinerne Töpfe thun gut!)«[185] Die schwere Hausarbeit war überhaupt nur zu schaffen, wenn genügend Dienstpersonal zur Verfügung stand. So zieht sich der Kummer mit den Dienstboten wie ein roter Faden durch Luises Leben. Für einen kinderreichen Haushalt mit vielen Gästen, einem oft mürrischen Hausherrn und einer sehr ordentlichen und anspruchsvollen Hausfrau standen auch im 19. Jahrhundert nicht genügend »Perlen« zur Verfügung. Daß Luise Rückert streng war, steht außer Zweifel, aber sie war keineswegs eine unmenschliche Herrin, sondern kümmerte sich um ihre Untergebenen und fühlte sich für ihr Wohlergehen verantwortlich. So berichtet uns die Tochter Anna folgende Geschichte: »Der (Gärtner) Rudolf war ein Don Juan. Wir hatten zu jener Zeit eine hübsche junge Magd, hinter der er besonders her war. Zur Zeit der Obstdarre mußten die zwei nachts aufbleiben. Der Mutter ward es angst um das Mädchen – da opferte die Gute die Nachtruhe, die sie doch selbst so nötig hatte und setzte sich, das Gestrick in der Hand um sich wach zu halten, zu ihnen. Die andern Nächte mußte unsere alte Nanny den Wächter spielen.«[186] Diese Nanny, die ehemalige Kinderfrau, hing treu an der Hausfrau und pflegte sie rührend auch noch während ihrer letzten Krankheit.

Die unangenehmste Situation mit einer Haushälterin erlebte aber Rückert in Berlin. Der Sohn Leo, der im Winter 1847/48 mit dem Vater die Wohnung teilte, berichtete im Januar 1848 seinem Bruder August: »Aber einen recht dummen Streich hat unsere Frau Sonntag gemacht, über den Du Dich gewiß wundern wirst. Die alte Frau ist nehmlich niedergekommen ... wir hatten gar nichts davon bemerkt, daß sie guter Hoffnung war, da wir ihre zunehmende Dicke für Folge der guten Mast hielten, waren wir also schrecklich verblüfft als sie vorigen Donnerstag früh 8 Uhr niederkam. Nun kocht eine andere für sie und die Geschichte ist wieder ziemlich im Geleise ...«[187] Als Luise von dieser Sache hörte, war sie empört: »In große Noth u Verlegenheit hat die sonst so gelobte Fr. Sonntag den Vater u Leo gebracht in dem sie in den ersten Tagen des Januar, wies gerade recht kalt war, ein Wochenbett in der Küche im Haus dort hielt, wovon weder Vater noch Leo vorher etwas geahndet hatten. Die Unverschämte entschuldigte sich damit, daß sie gehofft habe, es hielte noch bis Vater abreißte. Nun konnte dieser die Frau in der Kälte nicht wegjagen, will sie aber doch entlassen. Da er so zufrieden mit ihr war, ist es allerdings ein Verlust ...«[188] Auch im Hause Rückert gestand man dem Dienstpersonal kein Privatleben zu. Frau Sonntag war verheiratet, allerdings konnte der Mann, der als Diener arbeitete, nicht für eine Familie aufkommen, sodaß seine Frau selbst für ihren Lebensunterhalt sorgen mußte. Ihr einziges Versäumnis war, daß sie ihren Arbeitgeber nicht von ihren »anderen« Umständen in Kenntnis gesetzt hatte. Es mag für sie, die ja anscheinend nicht mehr ganz jung war, schwer genug gewesen sein, mit einem Kind im Bauch auf den Hängeboden in der Küche zu kriechen. Verständnis für ihre Lage konnte sie nicht erwarten, Mutterschutz war ein unbekanntes Wort, die Klassenschranken waren unüberwindbar. Man übte Wohltätigkeit, aber man gab den Arbeitern aller Berufszweige keinen gerechten Lohn für ihre Arbeit.

Ein weiteres großes Problem, mit dem Luise zu kämpfen hatte, war die Versorgung mit Trinkwasser. In Neuses gab es zwar einen Hausbrunnen, aber der versagte vor allem bei starken Regenfällen: »Bey den Regengüssen machte uns das liebe Brünnchen rechte Noth, es war 14 Tage nicht trinkbar ... Im Goldbergkeller war auch viel Wasser, ist aber fast gänzlich wieder eingesunken. Recht nöthig ists, hinten an den neuen Ställen bald eine Anstalt zu treffen daß die armen Leute nicht so im Koth waten müssen ...«[189] Da auch in der Stadt das Wasser oft von schlechter Qualität war, hatte Luise für ihre Schwiegertochter in Breslau einen guten Rat: »Mir sagte ein Arzt, vor dem Trinken eine ganz kleine glühende Kohle ins Gefäß geworfen, nehme das Schädliche ...«[190]

Nachdem Rückert schon im Wintersemester 1846/47 wegen »Erschöpfung der Nervenkraft« um Urlaub gebeten hatte, war während des Sommers 1848 bei ihm der Entschluß gereift, nicht mehr nach Berlin zurückzukehren. Der 60jährige schrieb an den ältesten Sohn: »Ich kann, was mir noch zu leben bleibt, nur in tiefster Abgeschiedenheit gedeihlich oder auch nur erträglich leben.«[191] Er übertrug dem Sohn die schwere Aufgabe, die Frühpensionierung bei den Ministern in Berlin in die Wege zu leiten. Zunächst sah es gar nicht gut aus. Am 6.1.1849 berichtet Heinrich dem Vater: »Am letzten Tag machte ich unter anderen Besuchen auch den bei dem Geh. Rath Schulze, dem Director der Universitätsangelegenheiten. Ich sprach mit ihm zunächst über Deine Sache ... auf die er auch erst zögernd dann aber ganz rückhaltlos eingieng ... Er meinte, die förmliche Pensionirung würde große Schwierigkeiten haben ...«[192] Aber schließlich kam es doch zu dem von Rückert so dringend gewünschten Abschied von Berlin. Auf das Wohlwollen des Königs, der Rückert aus Anlaß der königlichen Silberhochzeit im Januar 1849 eine eigens zu diesem Anlaß geprägte Silbermedaille geschickt hatte, konnte er hoffen. So wurde schließlich der berühmte Professor mit 1500 fl, der Hälfte seines Gehaltes, in den Ruhestand verabschiedet. Sieben Jahre lang hatte die Episode der Berliner Winterzeit gedauert. Sie hatte allen Betroffenen viel Zeit, Kraft und Geld gekostet. Vor allem Luise war froh über diese Wendung, da sie nun endlich wieder ein normales Familienleben führen konnte. Das war um so nötiger für sie, da sich ihr Gesundheitszustand in zunehmendem Maße verschlechterte. Am 17.11.1848 hatte sie ihren 51. Geburtstag gefeiert und diesen Tag in einem Brief an Heinrich und seine Braut beschrieben: »den wir wie gewöhnlich u wie mirs am liebsten ist, ganz still unter uns zubrachten. Eine große Freude war mirs, daß unser Carl, der schon den 16ten ganz spät gekommen war, diesen Tag bey uns zubrachte. Ich habe einen recht guten Rosinenkuchen gebacken, aus Torten mache ich mir wenig. Mittag wurde Champagner aufgewichst, wo wir eure Gesundheit, ihr Lieben auch tranken u euch sehnlich (ich mit Thränen) auch herwünschten! Nachmittag gabs natürlich den Geburtstagschocolade.«[193]

Im Sommer 1848 hatte sich Heinrich Rückert mit Marie Stein verlobt. Sie war schon seit fast 20 Jahren Vollwaise und lebte im Hause ihres Onkels, Professor Fortlage, in Jena. Rückerts kannten und schätzten die Familie und hatten in Berlin, wo die Fortlages früher lebten, mit ihnen verkehrt. Von Anfang an hatte Luise zu dieser Schwiegertochter ein besonders herzliches Verhältnis. Sie wurde, vor allem nach dem Tod der Mutter, ihre Vertraute. Ihr gegenüber sprach sie sich rückhaltlos aus und schüttete ihr Herz aus, wenn sie sich Sorgen machte um den Mann oder die jüngeren Kinder. Und auch Marie, die so früh ihre leiblichen Eltern verloren hatte, fühlte sich geborgen im Kreis der Familie Rückert. Anfang September 1848, bei ihrem ersten Besuch in Neuses, schrieb sie an eine Freundin: »Es ist wunderbar schön hier, sowohl das Leben im Hause, als die Gegend, beides im vollkommensten Einklang von Poesie durchtränkt. Die Eltern sind lauter Liebe und Zärtlichkeit gegen mich. Wenn der Vater mit seinem prächtigen Gesicht mich so innig ansieht, wird's mir so wohl bis tief ins Herz hinein, und wenn die

Mutter mich in ihre Arme schließt, dann fühle ich, daß sie mich wie ihre andern Kinder liebt, und daß sie im Stande ist, meine Liebe zu ihrem Liebling, zu ihrem Erstgeborenen zu begreifen. Am vorigen Sonnabend waren alle Kinder hier versammelt; das ist ein schönes stattliches Geschlecht.«[194] Daß Marie nicht allein war mit diesem Urteil, beweist der Ausspruch eines Fachmannes. Laut Anna Rückert hat der Maler Cornelius[195] bei einem Besuch bewundernd ausgerufen: »Sapperlott seid ihr schöne Leute!«

Die Rückertskinder waren allerdings nicht nur schön, sondern auch sehr lebhaft. Wir haben hier wieder eine Beobachtung von Rückerts Freund Cornelius: »Bei Rückerts ist um einen Löffel Suppe mehr Geschrei als bei Andern, wenn sie sollten gehenkt werden!«[196]

Und wie in großen Familien üblich, wurde nicht nur laut gesprochen, sondern auch heftig gestritten. Es gab Auseinandersetzungen mit den Eltern, wenn auch mit dem damals üblichen Respekt, den man der älteren Generation gegenüber walten ließ. Es gab auch handfesten Streit zwischen den Geschwistern. Die Mär, daß es in kinderreichen Familien keine Probleme gibt, kann nur im Zeitalter der Klein- und Kleinstfamilien geglaubt werden. Aber trotz aller Meinungsverschiedenheiten hielten die Familienmitglieder fest und treu zusammen und traten im Notfall füreinander ein.

Mit welcher Verantwortung man damals junge Menschen betraute, zeigt die Tatsache, daß im Frühjahr 1849 der 22jährige Leo ganz allein die Auflösung des Berliner Haushalts übernahm: »Ich habe deshalb ein Verzeichniß der Sachen entworfen und schicke es mit, damit Du mit der lieben Mutter berathen kannst, was man in Neuses brauchen könnte.«[197] Leo machte aber nicht nur ein Verzeichnis, er gab auch sein Urteil über den Zustand der Möbel ab, erkundigte sich nach den günstigsten Transportmöglichkeiten und nach Händlern, die gebrauchte Dinge kauften oder ersteigerten.

Es gab im Hause Rückert immer wieder Streitpunkte. In einem Punkt aber war man sich völlig einig. Das war die Auseinandersetzung um Schleswig-Holstein, die 1848–1850 zum Krieg zwischen Deutschland und Dänemark führte: »Schleswigholstein« sollte »Up ewig ungedeeld« und natürlich deutsch bleiben. Die nationale Begeisterung schlug hohe Wellen. Man sammelte und spendete, die jungen Mädchen opferten ihren Schmuck, die jungen Männer waren bereit, ihr Leben hinzugeben, um der guten Sache zu einem guten Ende zu verhelfen. In der Korrespondenz der Familie rückt das Thema an die erste Stelle. So fragt Heinrich, der junge Privatdozent, von Jena aus am 12.8.1850 seinen Vater: »Wird in Koburg nobel für Schleswig gesammelt? Hier ist trotz der Armseligkeit aller hiesigen öconomischen Verhältnisse viel geschehen. Doch wohl gegen 1000 rthl. in Geld außer namhaften Beiträgen von Naturalien sind bereits abgegangen.«[198] Aber nicht nur das politische, auch das private Leben wird von den unsicheren Zeitläuften bestimmt. So gibt Heinrich die allgemeine »Confusion« als Grund für seine Heirat an: »Es ist das mit ein Hauptgrund, unter uns gesagt, weßwegen ich so rasch zu dem Entschluße, Marie zu mir zu nehmen gekommen bin.«[199]

Zur Hochzeit, die am 2.9.1850 in Jena stattfand, konnten die Eltern nicht kommen. Luise fühlte sich nicht wohl, und Rückert begab sich ohne die größte Not nicht mehr auf Reisen. Und eine Notwendigkeit bestand insofern nicht, als das junge Paar seine Flitterwochen im Elternhaus in Neuses verbringen wollte. Auf Spaziergängen zeigte Heinrich seiner jungen Frau alle seine Lieblingsplätze, und so wurde auch ihr das alte Haus in der idyllischen Landschaft immer mehr zur Heimat. Wie aufwendig eine Reise von Jena nach Neuses auch für jüngere Leute war, erfahren wir aus einem Brief von Heinrich, der am 21.12.1850 endgültig den Gedanken aufgibt, die Eltern an Weihnachten zu überraschen: »Doch scheint, die Hoffnung, Dich wiederzusehen, zu Wasser oder Schnee zu werden. Bei meiner ... sensiblen Gesundheit über den Thüringerwald mit fürstlich Thurn und Taxis'scher Post getraue ich mir nicht. Es bleibt gleich, ob ich den Weg über Gotha oder direct nehme; in jenem Falle müßte ich wenigstens sechsunddreißig, in diesem dreiundzwanzig Stunden darauf verwenden. Der einzige vielleicht passablere Weg bliebe über Leipzig nach Lichtenfels, doch ist mir die Sache zu hypothetisch und zu lächerlich, wenn ich, um nach Coburg zu kommen, um halb Deutschland herumfahren soll ...«[200] Seiner Frau kann er diese Reise im Winter erst recht nicht zumuten, dabei hätte sie vermutlich das erste Weihnachtsfest als Mitglied der Großfamilie besonders genossen. Die absolute Anpassung an die Sippe macht eine Bemerkung von Heinrich deutlich: »Wie sehr sie so ganz die Unsere geworden, machte mir besonders ein kleiner Zug anschaulich. Sprach sie doch – die eine echte Niederdeutsche – jetzt als echtes Frankenmädchen, und hatte, ohne daß sie es selbst geahnet, die fränkische Modulation sogar vieles von der sogenannten Haussprache in Neuseß angenommen, wie ja jedes charaktervolle Haus eine solche hat.«[201] Rückert hat sich darüber sicher auch amüsiert, schrieb er doch einmal: »Dieser unser fränkischer Dialekt ist vielleicht etwas weniger gemütlich (eigentlich behaglich) als mancher schwäbische, aber weit behender, schlanker, graziöser.«[202]

Am 23.10.1850 starb Luise Magdalene Fischer mit 78 Jahren in Neuses. Über diese Großmutter berichtet die Enkelin Anna: »Die Großmutter Fischer mit ihren schwarzen Haaren und den blitzenden dunklen Augen war bis ins hohe Alter hinein eine auffallend schöne Frau. Um das Wohl und Wehe ihrer Neuseser bekümmerte sie sich lebhaft und versorgte sie mit Hausmitteln die sie selbst zusammenbraute. Hauptsächlich war sie wegen eines Mittels gegen Kropf berühmt. Ich erinnere mich, daß Frauen und Mädchen aus der Umgebung deswegen zu ihr kamen.«[203] Auch Luise hatte ihre Hausmittel, die sie wahrscheinlich von der Mutter übernommen hatte: »Vater litt auch sehr daran (an Catarrh). Carl verschrieb etwas, ich bin aber überzeugt, mein Caffeezucker den er 2 mal nahm (d.h. 2 Portionen) hat ihn geheilt. Du weißt, daß ich 100 Bohnen rohen Caffes zu 8 Lot weißen Zucker mit 2 Obertassen voll Wasser nehme u dies in einem kleinen Tigel, worinn kein Fett war, sachte 1 Stunde zusammen kochen lasse, bis es wie dünner Syrup wird, nun gieße ich durch ein Seiherchen in eine Tasse, spüle den Tigel mit ein Theelöffel Wasser, aus Oeconomie, noch dazu, und so nimmt man alle 2 Stunden bes. vor Schlafengehn 1–2 Theelöffel.«[204]

Sowohl Luises Großvater Johann Gabriel Doppelmeyer wie auch der Urgroßvater Johann Siegmund Doppelmeyer (1720–1758) waren Mediziner gewesen. Auch unter ihren Nachkommen gibt es auffallend viele bedeutende Ärzte. So hat sich die Begabung und Begeisterung für den Heilberuf weitervererbt.

Für die Tochter war der Tod der Mutter ein großer Verlust. Sie hatte eine sehr gute und enge Beziehung zu ihr gehabt und mußte nun noch mehr Lasten allein tragen, denn die Mutter hatte stets rührend für die Tochter und die Enkel gesorgt. Anna Rückert erinnert sich: »An uns zwei Jüngsten Fritz und mir, hing sie mit besonderer Liebe. Oft saßen wir bei ihr in dem kleinen Wohnzimmer. Sie nähte und erzählte uns dabei Märchen oder las aus unserm geliebten Siegfried vor ... Das Verhältnis von Mutter und Tochter war ein rührend zärtliches. Als die Großmutter begraben wurde, ließen wir die Mutter nicht mit. Wie nun der Zug mit dem Sarge zum Hof hinaus ging wandte ich mich um – da stand meine kleine Mutter drinnen im Zimmer auf einem Stuhle und sah weinend der geliebten Todten nach.«[205]

Zu dem persönlichen Schmerz kamen noch politische Unruhen hinzu, denen das kleine Fürstentum Coburg schutzlos ausgeliefert war. So klagt Luise am 13.11.1850 der Schwiegertochter: »Aber schwere dunkle Gewitterwolken stehn am Himmel, wer wagt sich jezt hinaus. Wir Coburger, sagt man, seien in schlimmer Lage, die ganze nahe Gränze mit Massen von Österreichern u Baiern (Gott verdamme beide!) besetzt, der Herzog ein preußischer Commandirender. Er habe geäußert, Cob. sey nicht zu halten, ein verlorner Posten! Die Cassen alle, die Silberkannen u alles Werthvolle des Herzogs ist bereits fort nach Gotha – aber was thun wir? Wohin mit unserm Bischen? Vater ist sehr ängstlich, bes. weg. der nahe, man sagt in Bamberg u im Itzgrunde stehenden Croaten u Slovacken, er meint wenn wir nur die 2 Mädchen, Marie u Anne in Sicherheit hätten. Die schreien, nie wichen sie von uns, u Anna sagte, sie fürchte sich niemals vor Menschen, nur vor wilden Thieren u gehe nicht fort. Wohin auch? ich dachte an Tambach, das ist ja Freundes-Land. Doch erzählte Sonnab. ein Mann, daß die Baiern gröber u ärger als die Croaten, sogar in Baiern seien. Noch fürchte ich mich wenig, Gott lebt ja noch! ... Böse, böse Zeit! wie gut ruht die Mutter, sie, die so ängstlich war u bes. in den letzten Jahren alles so schwer nahm. Ich versichere euch, dieser Gedanke lindert meinen Kummer am meisten.«[206]

In diesen allgemeinen Wirren wird Luise Rückert noch zusätzlich von ständig zunehmenden körperlichen Beschwerden geplagt. Schon in einem Brief vom 3.5.1843 berichtete sie von »Rotlauf im Gesicht«. Diese Gesichtsrose, die ja auch heute noch eine gefährliche Krankheit ist, schlug sich bei Luise auf die Augen und verfinsterte im wahrsten Sinn des Wortes den Rest ihres Lebens: »Am Tage da Karl gieng ... litt ich u wurde ich so unwohl, besorgte aber noch alles, packte im Zuge einige Kisten aus, u da ich nach einigen Tagen doch Pfrenger rufen ließ, fand sichs daß ich schon mehrere Tage, Rotlauf im Gesichte hatte u es also vernachlässigte. Nun schonte ich mich zwar, Pfrenger kam 2mal, das Rotlauf ist zwar besser, aber das Auge morgens immer zugeschwollen u hindert mich an aller Arbeit.«[207] Von da an klagte Luise ständig über ihre Augen: »Auch mein Augenübel, welches recht lange quälend war, mag vom Wetter verschlimmert worden sein. Lebte nur der berühmte Starke, der Augenarzt in Jena, noch, so eilte ich doch bey besserm Wetter ... nach Jena, da meine Augen doch für die Zukunft, mir Blindheit fürchten lassen.«[208] Am 13.11.1850 mußte die Tochter Marie einen Brief zu Ende bringen: »Mutter kann wegen ihres schlimmen Auges nicht weiter schreiben, deshalb füge ich noch bei, was sie Euch noch sagen wollte. Heute Mittag kam Tante aus Dillingen, um die Angelegenheiten der sel. Großm. ins Reine zu bringen. Leider bleibt die Gute nur bis Sonnabend, um dann gleich nach Bayreuth zu gehen ...«[209] Zu diesem Augenleiden, das die letzten 14 Lebensjahre überschattete, kam später offenbar noch der graue Star hinzu, denn ab 1853 klagte Luise ständig über den Grauschleier vor ihren Augen: »Schreiben konnte ich nicht, meine Augen waren so schlimm, daß ich des Morgens immer schnell probierte, ob ich noch ein wenig sehn könnte, oder ob nun alles dunkel sey. Carl gab mir etwas zum Eintropfen u diese that mir so gut, daß ich nun wieder beynahe auf dem alten, freilich auch etwas düstern, aber doch zu ertagenden Flecke bin.«[210]

Ein Problem, das Luise zum Glück mit Humor nimmt, sind die Zähne: »... aber die Zähne (was ich noch davon im Munde habe) muß ich manchmal zusammen beißen ...«[211] Vier Jahre später ist das Gebiß der 55jährigen noch lückenhafter: »Ich kann nicht mehr mit den Zähnen knirschen, weil mir die eine Reihe fehlt!«[212]

Lange Jahre litt Frau Rückert an geschwollenen Drüsen, was wohl auf eine Tuberkulose hinweist, die letztendlich zu ihrem relativ frühen Tod geführt hat. So schrieb sie schon 1845 an Frau Froriep: »Gut hat mir für geschwollneDrüsen, das Nehmen v. Leber-Thran gethan ...«[213] Und die Tochter Anna schreibt in ihren Erinnerungen: »Die arme Mutter hat viele körperliche Beschwerden zu ertragen gehabt. Ich verband ihr schon als Kind die immer neu auftretenden und aufbrechenden Drüsen – so geduldig sie im Schmerzertragen war, weinte sie dabei immer leise vor sich hin. Wie Marie

Stein als Braut bei uns war, nahm sie mir dies traurige Amt ab.«[214]

Dieser Schwiegertochter gegenüber spricht sie ganz offen über ihre Krankheit: »Wie gerne macht ich mich mit dem Vater auf, zu euch ihr Lieben, aber daran darf ich nicht denken. Die Drüse am Hals ist nun seit einiger Zeit offen u will gar nicht heilen, weil sie an einer so fatalen Stelle ist, natürlich zwischen Hals u Achsel, so daß mir auch das lockerste Kleidungsstück weh thut u ich Nachts selbst beym Liegen Unbequemlichkeit spüre. Mit dem Arm gehts viel besser u wenn ich klüger wäre u nicht, wie ichs schon einigemale kürzlich that, bey Besuch (der aber heuer nicht arg ist) im Garten in der Abendluft sitzen bliebe, wärs noch besser. Kreuznacher Salz hat mir Carl kommen lassen, aber ich kann ja noch nicht baden, des Halses wegen.«[215]

Aber trotz der zahlreichen Gebrechen organisierte sie bis zuletzt ihren großen Haushalt, wie uns ihre Tochter Anna berichtet: »Es kommt mir jetzt ganz unfaßlich vor, wie es die Mutter zuwege brachte, den ganzen Betrieb – ohne andere Hilfe als die brave Nanny neben sich – zu führen und so zu führen, daß ein jeder der verschiedenen und verschiedenartigen Gäste sich behaglich und wie zu Hause fühlte. Die Fäden des großen Haushalts liefen allesammt in ihren Händen zusammen. Sie gab ihre Hausfrauenpflichten auch nicht eher ab, bis sie nicht mehr konnte. Und selbst, wie sie schon bettlägrig war, bekümmerte sie sich noch um das Wohlergehen der Anderen.«[216] Dabei behielt sie bis zuletzt eine jugendliche Ausstrahlung, wie Anna bewundernd feststellte: »Als ich geboren wurde zählte sie schon zwei und vierzig Jahre. Mit ihrer zierlichen Gestalt, dem feinen Gliederbau und der Fülle ihrer schwarzen Haare, die sie bis zuletzt behielt, machte sie einen fast jugendlich-mädchenhaften Eindruck.«[217]

Am 26.12.1846 feierten Luise und Friedrich Rückert ihre Silberhochzeit. Es war ein schönes Fest im Kreis der Familie mit vielen Geschenken. Luise gesteht allerdings: »Die schönen Gedichte, die Vater mir heut in den Liebesfrühling schrieb, waren freilich die größte Freude und das schönste Angebinde für mich. Was den Vater aber am meisten beglückte, war Carls glücklich bestandenes Examen.«[218]

Im Nachtrag zum Liebesfrühling lesen wir:

So sind gegangen dir und mir
Nun fünfundzwanzig Jahr' ins Land,
Seit unser Liebesfrühling hier
In seiner vollen Blüte stand!

In seiner vollen Blüte stand!
Und steht er nicht in voller noch?
O sieh, gereiht an unsrer Hand,
Die blüh'nden Söhn' und Töchter doch!

Wie ist Natur erfinderisch,
Nie um Ersatz umsonst bemüht!
Auf diesen Wangen blühet frisch,
Was auf den unsern abgeblüht.

Da blühet dir, da blühet mir
Der allerschönste Hochzeitskranz;
Gabst du ihn mir? Gab ich ihn dir?
Gott gab uns diesen Frühlingsglanz.

Ein Frühlingsglanz und Frühlingsduft
Der unserm Herbst und Winter bleibt,
Und der noch spät auf unsrer Gruft,
So Gott will, neue Blüten treibt.

Nach Rückertscher Manier folgen noch sieben weitere Strophen. Die drei letzten lauten:

Ich dank' es Gott und dank' es dir,
Und leb' und sterb' in diesem Dank,
Daß, was von Lebenswonne hier
Mir ward, aus deinem Mund ich trank.

Und jeden Liebesfrühlingsklang
Fass' ich zusammen in den Laut,
Der meinem Innersten entsprang:
Ich küsse dich als meine Braut.

Wie ich mit Nachtigallensang
Dich einst gegrüßt als Rosenbraut,
Mit diesem Silberschwanenklang
Grüß' ich dich neu als Silberbraut.[219]

Nachdem Rückert schon nach 1822 ab und zu Gedichte in Zeitschriften veröffentlicht hatte, erschien 1834 eine Gesamtausgabe des »Liebesfrühlings« in einzelnen Sträußen zusammengefaßt. Es wurde der beliebteste Gedichtband des 19. Jahrhunderts in Deutschland. Es entstanden reichbebilderte Prachtausgaben, die Liebesgedichte wurden vertont, gesungen, auswendig gelernt und machten Rückert zum popu-

Prachtausgabe des »Liebesfrühling«
Titelblatt von Franziska Schulze (1858)

lärsten Dichter seiner Zeit. Natürlich fiel auch auf Luise etwas von dem Glanz. So berichtet Anna von einem Badeaufenthalt mit der Mutter: »Als halbwüchsiges Kind begleitete ich sie nach Salzungen, wo sie auf ärztlichen Rat eine Kur durchmachen mußte. Sehr ergötzlich war es mir, wie die zahlreichen Damen dort hinter der ›Liebesfrühlings-Luise‹, wie sie sie nannten, herwaren. Einen beliebten Trick von ihnen bildete es, uns nachzulaufen und zu fragen, ob die Mutter nicht ein Taschentuch verloren habe? nur um einen Gruß oder ein Lächeln von ihr zu erhalten.«[220] Luise war das Aufsehen um ihre Person sicher lästig, und sie war froh, wieder in der Geborgenheit von Neuses zu sein, zumal die Kur leider überhaupt nicht anschlug. Als man sie später drängte, doch noch einmal eine Kur zu gebrauchen, wandte sie sich entschieden dagegen: »Beide Kinder hoffen sehnlich, daß ich auch bald nach Blankenburg kommen möge, mich dort zu erholen, aber so weit bin ich noch nicht, daß ich reisen könnte ... Der Gedanke vom Hause weg unter fremde Menschen mich zu begeben, mich putzen oder doch anders (wie ich in dem bequemen Krankenrocke), mich anziehn zu müssen, ist mir ein schrecklicher Gedanke.«[221]

Aber nicht nur die schlechte Gesundheit machte Luise zu schaffen. Es gab auch immer wieder Sorgen um die Kinder. Vor allem August bereitete den Eltern viel Kummer. Lange Zeit konnte er sich nicht für einen Beruf entscheiden. Als er sich dann schließlich als Verwalter in Neuses niedergelassen hatte, entwickelte er natürlich andere Vorstellungen als seine Eltern, und zu allem hin genügte er als ständiger Hausgenosse offenbar nicht den geistigen Ansprüchen, die man in der Familie stellte. So mokierte sich die Mutter in einem Brief vom Januar 1856 an die Schwiegertochter Marie: »Alma ist ein recht gutmüthiges, munteres Mädchen. Aug. ist den ganzen Tag jezt hüben, aber, ich sage Dirs im Vertrauen, wenn mein Bräutigam einst so fade Dinge u Späße mir vorgeplaudert hätte, ich hätte ihn nicht mehr gemocht. Die guten Dinger lachen aber immer herzlich. Aug. kommt mir viel Dümmer wie sonst vor, es macht mich ordentlich bedenklich, aber behalte es für Dich, es giebt sich vielleicht wieder.«[222] Alma Froriep war Rückerts schon aus der Berliner Zeit bekannt, wo Rückert sogar einen Winter lang im gleichen Haus gewohnt hatte. Trotzdem war Luise nicht begeistert über die Wahl dieses Sohnes, wie sie unverblümt zugibt: »August ist Bräutigam mit – der Alma Froriep ... Ob diese Wahl passend ist, da Alma von Häuslichkeit nichts versteht, auch, wie Du weißt, gar kein Vermögen hat, was Aug. doch hätte gut brauchen können. Ich gestehe Dir, daß diese Sache mir viele Sorgen macht, wenn ich auch einsehe, daß es für Aug. gut ist, aus dem curiösen Haushalt einmal weg zu kommen, oder vielmehr einen ordentlichen anzufangen, wenn nur die A etwas verstünde ...«[223] Trotz dieser Bedenken wurde aber das Verhältnis zwischen Schwiegermutter und Schwiegertochter durchaus besser, wie Rückert kurz nach der Hochzeit, die am 10.4.1856 in Weimar stattfand, dem Sohn Heinrich anvertraute: »Ich füge nur das wichtigste bei, daß Almas liebenswürdige Unbefangenheit das Herz der Mutter ganz u gar erobert hat; ich wundre mich eben so sehr als ich mich freue, zu sehn, wie wahrhaft zärtlich die gute Mutter gegen das so sehr unwillkommene Töchterchen geworden, u zwar obgleich sie nicht im Geringsten ihre Meinung darüber geändert hat, daß sie eben schwerlich eine Hausfrau, wie sie das Haus braucht, werden wird.«[224]

Noch wesentlich schwieriger als August war die älteste Tochter Marie zu behandeln. Schon die Sechsjährige war »wie von einem bösen Geist besessen« und über die Dreizehnjährige klagte die Mutter: »Marie hat mich überwachsen ... Du glaubst nicht, wie die Eitel- u Gefallsucht sich schon bey Marien entwickelt hat, sie ist erstaunlich gewachsen u stark geworden ... mir ists was erschreckliches, diese Weltlust, ich war selbst nicht so, auch ist sie nicht mehr gerne thätig im Haus u muß ich oft zanken ... Viele Sorge macht mirs auch, wo man sie zur Vorbereitung zur Confirmation hinthut, denn bey dieser lustigen Person muß man doppelt schwer so etwas nehmen ...«[225] Schließlich wird Marie aus diesem Anlaß nach Erlangen geschickt: »Gleich in der Weihnachtswoche ist unsre liebe Marie nach Erlangen gebracht worden, abgeholt von meiner Freundin Kopp, bey der sie dort ist u von mir geleitet, um die Vorbereitung zu ihrer Confirmation, die Ostern dort statthaben soll, würdig zu empfangen, hier in Neuses bey diesem Pfarrer! wäre es unmöglich gewesen. Sie können denken, daß mirs, uns allen, die so sehr an die Kinder gewöhnt sind, ein Opfer war, aber ich habe es freudig, um des Mädchens willen gebracht. Dort weiß ich sie in den besten, edelsten Händen u nach Ostern, (wo möglich wohne ich der Feier bey) hole ich sie wieder.«[226]

Die Tante Hedwig Wiethaus-Fischer meinte später: »... daß Luischens und Ernsts Ableben ihr Unheil begründete dadurch, daß sie in dessen Folge, als erster Nachkömmling, doppelt u dreifach verwöhnt ward, was ihr zwar nicht zur Rechtfertigung doch nicht zu unbedeutender Entschuldigung gereicht ...«[227] Eine übergroße Verwöhnung ist aus den Briefzeugnissen keinesfalls zu erkennen. Aber natürlich war es für Marie eine schwere Hypothek, daß sie von allem Anfang an, bewußt oder unbewußt, mit der so früh verstorbenen Schwester verglichen wurde. Noch 1849, sechzehn Jahre nach dem Tod der kleinen Luise, schrieb Frau Rückert an die Schwiegertochter Marie: »Ich habe mir nie besonders ein Mädchen gewünscht u mich gefreut, weil es die andern so freute, als welche kamen. Freilich wurden sie mir sehr lieb, das erste Mädchen, mein unvergessnes, noch immer von mir beweintes Luischen, war auch ein sanfter u doch so muntrer Engel …«[228] Nun, Marie war zwar auch munter, aber keineswegs sanft und schon gar kein Engel. Sie war äußerlich nach dem Vater geraten, groß, stattlich, mit fast männlichen Zügen und einem schwierigen Charakter, in dessen Launenhaftigkeit die kinderlose Tante gar etwas Dämonisches erkennen wollte. Rückert hat diese Ähnlichkeit durchaus gesehen und schrieb kurz vor seinem Tod:

Von meinen Kindern das vielleicht
Mit dem ich habe die meisten Plagen,
Ist das, von dem ich muß sagen,
Daß es mir selbst am meisten gleicht.[229]

Vielleicht wäre sie in einer späteren Epoche, wo sie die zweifellos vorhandenen Geistesgaben besser hätte entwickeln können, glücklicher geworden. So war sie zeitlebens ein unruhiger Geist, reiste viel und machte interessante Bekanntschaften, u. a. mit Johannes Brahms. Sie blieb unverheiratet und starb als letztes der Geschwister 1920 in Neuses im Alter von 85 Jahren.

Auch der jüngste Sohn, Fritz, war ein Sorgenkind, aber nicht, weil er zu störrisch war, sondern zu weich und vor allem ungeeignet für seinen Beruf. Er wurde Offizier wie der Onkel Karl Wiethaus-Fischer, und es trifft für ihn wohl die gleiche Beschreibung zu, die Anna vom Onkel gibt: »Der Hauptwesenszug ... war Weichheit um nicht zu sagen: Willensschwäche.« An guten Vorsätzen fehlte es Fritz Rückert nicht, wie ein Brief des 19jährigen an den Vater zeigt: »Liebster Vater! ... So wäre ich denn jetzt Officier in der preußischen Armee und hätte also das erste Ziel erreicht ... Am ersten Tag meines Avancements erschien mir die ganze Welt im schönsten Licht, hatte ich doch endlich das seit 2 Jahren so heiß ersehnte Ziel erreicht! ... Ich muß mir jetzt ein weiteres stecken – ein ehrenhafter, charakterfester Mann und ein tüchtiger, wißenschaftlicher Officier zu werden. Möge es mir gelingen dies Ziel ebenso zu erreichen wie das erste! Die Schwierigkeiten, die ich dabei zu überwinden haben werde, werden weniger von außerhalb kommen, sie werden in mir selbst liegen aber mit Gottes Hilfe hoffe ich ja auch diese zu überwinden und auf der Bahn der Ehre voranzuschreiten zu Deiner und der guten Mutter Freude! In treuster Liebe Dein Sohn Fritz.«[230]

Nun, die gute Mutter hat die großen Schwierigkeiten des jüngsten Sohnes nicht mehr erlebt: die ewigen Geldnöte, auch Probleme moralischer Art, die den verantwortungsvollen Bruder Heinrich, der zeitweise geradezu die Vaterstelle an dem jüngsten Bruder einnimmt, zu dem harten Urteil kommen lassen: »Daß er in Berlin ganz verlumpt war, ist leider nicht zu läugnen, so sehr ich mich auch gegen diese traurige Wahrheit gesträubt habe. Um so mehr ist es anzuerkennen, daß er sich wieder herauszuarbeiten Kraft hatte ...«[231] Und schließlich gelang es Fritz doch noch, eine bürgerliche Existenz aufzubauen. Er verheiratete sich 1863 mit Marie-Charlotte von Rango, hatte eine Tochter Marie-Luise, starb aber schon 1868 mit nur 31 Jahren an einem Nervenleiden.

Drei Schwiegertöchter hat Luise noch erlebt. Ihr besonderer Liebling war und blieb Heinrichs Frau Marie. Über deren Töchter Luise (1862–1863) und Elise (1865–1915), die erst nach ihrem Tod geboren wurden, konnte sie sich allerdings nicht mehr freuen.

Der Mediziner Karl heiratete Elise Stichling. Amélie Sohr, die Biographin von Heinrich Rückert, schreibt über die junge Frau: »Aus dem Blute der Herder und Wieland in gerader Linie abstammend, hatte sie noch den Schmelz idealer Geistesbildung bewahrt und verband mit feinen Weltformen einen gesunden, frischen Humor.«[232] Von der Eheschließung, die am 6.2.1854 in Weimar stattfand, berichtete die Schwester Marie den Eltern, die in Neuses geblieben waren: »Sonnabend haben wir nun gepoltert auf dem Polterabend, Sonntag waren wir außer Haus und gestern war die Trauung, die recht feierlich und ergreifend war. Dittenberger traute und sprach ganz gut, nur fand ich, daß zu lange von Dichtern und zu wenig von der Trauung die Rede gewesen. Er brachte recht geschickt ein Gedicht von Vater als Text der Trauung an, was uns Alle sehr ergriff und mehr erbaute als es ein biblischer Text in Stande gewesen ...«[233] Wie Rückert und seine Frau darüber dachten, erfahren wir leider nicht!! Von den vier Kindern dieses Paares wurden die beiden ältesten zu Luises Lebzeiten geboren. Sie freute sich an dem

Enkelsohn Johannes (1854–1899) und trauerte über den frühen Tod der kleinen Luise (1856–1857).

Von den fünf Kindern, mit denen August und Alma Rückert das Haus füllten, wurde die Älteste, Friederike (1857–1936), drei Monate vor Luises Tod geboren. Dieser Sohn hat die meisten Nachkommen, und durch ihn lebt die männliche Linie bis heute fort.

Als Leo seine Braut Constanze Spangenberg zum ersten Mal ins Elternhaus nach Neuses brachte, lag seine Mutter auf dem Totenbett. Er heiratete 1857 und hatte fünf Kinder.

Die jüngste Tochter Anna war ein rechter Trost für die Eltern. Sie war erst 18 Jahre alt, als ihre Mutter starb. 1861 schloß sie die Ehe mit Friedrich Berger, einem Arzt, der später Direktor des Landkrankenhauses in Coburg wurde. Sie hatte sechs Kinder.

Bis auf Fritz waren alle Kinder um die Mutter versammelt, als sie am 26.6.1857 mit 59 Jahren für immer die Augen schloß. Über ihre letzten Stunden berichtete Heinrich dem Onkel Karl: »Ihr süßer und sanfter, wahrhaft seliger Tod ist das einzige, was uns jetzt einen schwachen Trost giebt. Bis sie einschlief, hat sie ihr ganzes volles Bewußtsein behalten, und wie sonst noch um das kleinste sich gekümmert. Sie ist so von uns fortgegangen, wie sie immer war, unsere einzige, treueste, beste Mutter, und keine Umdüsterung ihres Wesens durch Krankheit liegt zwischen uns und ihr.«[234] Wie groß der Verlust der einzigen Schwester für den Bruder gewesen sein muß, können wir wieder aus dem Zeugnis von Anna entnehmen: »Rührend war die Zärtlichkeit, mit welcher der Onkel an meiner Mutter hing. Als er das erste Mal nach ihrem Tod wieder nach Neuses kam, – an ihrem Begräbnistage vermochte er nicht anwesend zu sein – kniete er nieder auf der Schwelle, über welche der Sarg getragen worden war und küßte sie. Es lag aber nichts Gemachtes oder Theatralisches in dieser spontanen Bewegung, sie entsprang nur der fast abgöttischen Liebe, die er zeitlebens für die Schwester hegte.«[235]

Der Tod von Luise war nicht überraschend gekommen. Einige Tage vor dem Ende hatte Rückert an einen Freund geschrieben: »Meine liebe Frau ist seit vielen Wochen eine sterbende, schmerzhaft genug sterbende, und wir sehen kein Heil aber auch kein Ende. Wie es mit mir nach ihrem Verlust werden soll, seh' ich gar nicht ab, da sie seit Jahren alle weltlichen Sorgen für mich auf sich genommen hatte, die nun doppelt schwer, u vermutlich unerträglich, auf mich zurückfallen werden …«[236] Wie nahe ihm der Abschied von der geliebten Frau ging, zeigt ein Brief der Tochter Marie: »In der letzten Zeit sah ich ihn oft lange am Bette der Mutter sitzen und weinen wie ein Kind, und was das für einen Eindruck macht, einen Mann wie den Vater so weinen zu sehen, das kann ich Dir gar nicht sagen. Der Mutter muß es eben so gewesen sein, denn sie hat oft zu mir gesagt: ›am allerschwersten ist mir's des Vaters wegen, es ängstet mich ordentlich, wenn ich ihn so außer Fassung sehe: er sagt immer, was er nur anfangen solle, wenn ich nicht mehr da sei; – aber ihr Kinder werdet wohl für ihn sorgen und ihn pflegen.‹«[237]

Schon vor der Silberhochzeit, im Herbst 1846, hatte das Ehepaar Rückert ein Testament aufgesetzt, nach dem »der gesammte Nachlaß auf den überlebenden Ehegatten« übergehen sollte. Für den Geheimrat Rückert, der ja fast zehn Jahre älter war als seine Frau und auch oft kränkelte, stand fest, daß er ihr vorangehen werde. Aber die »Unterleibskrankheiten«, vor allem die chronische Verstopfung, die er, wohl mit Recht, seiner sitzenden Lebensweise zuschrieb, führten nicht unmittelbar zum Tod und ließen ihn das für die damalige Zeit hohe Alter von 78 Jahren erreichen. Er starb am 31.1.1866 und wurde am 3.2. auf dem kleinen Friedhof in Neuses neben seiner Luise bestattet, die er zu seinem Kummer um mehr als acht Jahre überlebte.

Siebenunddreißig gemeinsame Jahre waren dem Ehepaar Rückert vergönnt gewesen. Wohl kaum eine eheliche Verbindung ist so hymnisch begonnen worden. Haben sich die Träume, die Hoffnungen erfüllt? Zur Silberhochzeit hatte der Dichter seiner Frau folgende Zeilen gewidmet:

Bist du zufrieden, wie ich bin,
Und schreckt dich nicht mein graues Haar,
So nehmen wir uns immerhin
Auf neue fünfundzwanzig Jahr'.

Doch wenn ich an den letzten Gang
Soll morgen schon, so denk' ich heut,
Daß fünfundzwanzig Jahre lang
Mein Liebesfrühling mich erfreut.[238]

Noch nach 25 Jahren, ja über ihren Tod hinaus hat Friedrich Rückert seiner Frau Liebesgedichte gewidmet. Ihr Grab auf dem kleinen Dorffriedhof in unmittelbarer Nähe des Hauses hat er oft besucht. Er blieb ihr, die ihm zehn Kinder geboren hatte, stets in treuer Liebe und Dankbarkeit verbunden. Rückert war wohl selten ganz glücklich. Seine jüngste Tochter stellt fest, daß »der Vater immer mehr ernst als heiter blieb«. Das sorglose, unbeschwerte Genießen lag seinem eher schwerblütigen Charakter nicht. Aber er war immer unglücklich, wenn er seine Luise nicht um sich hatte. Unzählige Zeugnisse aus seiner Feder und nach den Beobachtungen seiner Umwelt beweisen, wie sehr er jedesmal unter einer Trennung von seiner Frau litt. Nur dank ihrer Fürsorge und ihrer Nähe konnte er das Leben ertragen. Sie nahm ihm die finanziellen Sorgen ab. Sie schlichtete den Streit mit den Verlegern. Sie schirmte ihn ab vor lästigen Bittstellern, vor aufdringlichen Verehrern und Verehrerinnen, sie war es vor allem, die sich um die Erziehung der Kinder kümmerte. Und trotz der vielen Schwangerschaften, der oft schweren Geburten, der Sorgen und Krankheiten, die sie heimsuchten, hatte sie sich eine vornehme Erscheinung und eine fast mädchenhafte Jugendlichkeit bewahrt. Luise Rückert war kein Engel. Sie konnte durchaus boshaft sein, war manchmal ungerecht und voreingenommen. Aber sie war auch fähig zu Selbstkritik und konnte Fehler zugeben. Sie arbeitete an sich und war bei aller Nüchternheit ihren Mitmenschen liebevoll zugetan. Und sie war die richtige Ergänzung, das »bessre Ich« ihres bedeutenden Mannes. Durch ihre Ehe hat sie ein schweres, oft entbehrungsreiches, aber erfülltes Leben gehabt. Sie war der geliebte Mittelpunkt einer großen Familie und hat viele interessante und bedeutende Zeitgenossen persönlich kennengelernt. Der Lebensgefährte, den sie sich erwählt hatte, war ein melancholischer und schwieriger Mensch, aber er war ihr treu ergeben. Andere Frauen brauchte sie nicht zu fürchten. Die Tochter Anna bezeugt: »Wenn, wie es ja wohl vorkam, allzu enthusiastische Frauen dem

Dichter zu lebhaft huldigten, ärgerte sie sich nicht u. lächelte wohl im Stillen im Bewußtsein, daß der Dichter doch ihr vor allen angehöre u. noch Niemanden schöner u. inniger in seinen Liedern gefeiert habe.«[239]

Allerdings gab es eine Konkurrentin, gegen die sie nicht ankam. Das war die Wissenschaft, der der große Sprachforscher sein Leben geweiht hatte. Seine wissenschaftliche Arbeit hatte immer Vorrang. So kam es, daß die Verantwortung für das tägliche Leben auf ihren Schultern lastete. Und sie hat gar manches Mal gestöhnt und unter dem schweren Joch geseufzt. Trotzdem hat sie ihre Eheschließung nie bereut. Sie liebte und verehrte ihren Fritz bis zum letzten Atemzug.

Ein starkes Band zwischen den Eheleuten war, neben der Liebe zu ihren Kindern, der starke Glaube und das Gottvertrauen, das beide vereinte. Von Rückert wird berichtet, daß er ein regelmäßiger Gottesdienstbesucher war und manchmal von der Empore der kleinen Dorfkirche aus den Pfarrer zur Rede stellte, wenn ihm die Auslegung der Predigt nicht einleuchtete. Durch die Beschäftigung mit den Heiligen Schriften von Moslems, Hindus, Zoroastriern, Buddhisten, Juden und Christen hatte er einen weiten Horizont. Orthodoxe Enge war ihm völlig fremd. Er hielt aber der lutherischen Lehre, in der er aufgewachsen war, stets die Treue. Und es würde ihn freuen, wenn er wüßte, daß eines seiner Kirchenlieder auch noch im neuen Gesangbuch von 1994 vertreten ist: das Adventslied Nr. 14 »Dein König kommt in niedern Hüllen«. Er hatte jahrelang Theologiestudenten in die Bibel eingeführt und las bis in seine letzten Tage in der Heiligen Schrift. Die Tochter Anna erinnert sich: »Häufig, wenn ich ihn besuchte, las ich ihm vor. Das letzte Buch, das wir zusammen durchnahmen war: ›Das Leben Jesu‹ von Renan. ›Zum Troste‹, wie er es nannte, mußte ich ihm hinterher ein Kapitel aus der Bibel vorlesen.«[240] Auch mit der Mutter hat Anna regelmäßig Bibellektüre getrieben: »Jeden Tag nach dem Frühstück ließ sie sich von uns ein Kapitel aus der Bibel und ein Lied ihres Lieblingsdichters Paul Gerhard vorlesen.«[241] Vor allem in den Zeiten der Not war sie dankbar für geistlichen Zuspruch: »Die Predigt war eine rechte Auferstehungspredigt, u mein heißes Gebet, bey den heftigen Thränen vorher, daß Gott dem Prediger doch das rechte Trostwort für mich, heute in den Mund legen möge, hat sich erfüllt. Der Text war aus Hiob; die Worte die mich schon seither oft getröstet haben: ›Ich weiß daß mein Erlöser lebt u er wird mich hernach aus der Erde aufwecken‹«[242] Aber sie war auch eine durchaus kritische Hörerin und hat sicher nicht nur einmal festgestellt: »Welch laue, arme Predigt, u wie reich ist Gott! – Du könntest es wissen u sprichst so ärmlich!«[243]

In den Liedern aus dem Nachlaß findet sich ein Gedicht von Rückert an seine Frau, deren Verlust er nie verwinden konnte. Sie hatte am 17. November 1797 das Licht der Welt erblickt und war am 26. Juni 1857 gestorben:

In des Herbstes Nebeldichte
Ging des Lebens Licht dir auf
Und im hellsten Sonnenlichte
Endete dein Lebenslauf.

Wie ich dir und mir es deute?
Warst im Dunkel mir ein Licht,
Und im Hellen sieht dich heute
Droben meine Zuversicht.

Kamst im Traum, mich zu umfangen,
Sprachest: Lang genug allein,
Lang gnug bist du nun gegangen,
Laß uns wieder gehn zu zwein.[244]

Stammtafel

Rückert, Luise, geb. Wiethaus-Fischer (1797–1857)
∞ Rückert, Friedrich (1788–1866), Dr. phil., Professor für orientalische Sprachen in Erlangen und Berlin, bekannter Dichter und Sprachforscher

Vater von Luise Rückert: Wiethaus, Carl (1774–1799), Jurist
Stiefvater: Fischer, Albrecht (1764–1836), Archivrat
∞ Luise Magdalene Wiethaus geb. Doppelmeyer (1772–1850)
Bruder: Wiethaus-Fischer, Carl (1796–1864), Offizier
∞ Hedwig v. Bülow (1798–1878)

Eltern von Friedrich Rückert: Rückert, Johann Adam (1763–1831), Amtmann ∞ Maria Barbara Schoppach (1766–1835)
Schwestern: Rückert, Sophie (1791–1848)
∞ Theodor Kremer (1795–1859)
Rückert, Maria (Marie) (1810–1835)

Kinder von Luise und Friedrich Rückert:
Rückert, Heinrich (1823–1875), Dr. phil., Professor der Geschichte
∞ Marie Stein (1825–1874)
Rückert, Karl (1824–1899), Dr. med., prakt. Arzt
∞ Elise Stichling (1828–1887)
Rückert, August (Gustel) (1826–1880), Rittergutsbesitzer in Neuses, Ökonomierat ∞ Alma Froriep (1832–1910)
Rückert, Leo (1827–1904), Gutsbesitzer zu Belriet/Meiningen, Ökonomierat ∞ Konstanze Spangenberg (1831–1883)
Rückert, Ernst (1829–1834)
Rückert, Luise (1830–1833)
Rückert, Julius (*† 1832)
Rückert, Marie (1835–1920)
Rückert, Friedrich (Fritz) (1837–1868), Premierleutnant
∞ Marie-Charlotte v. Rango (1843–1916)
Rückert, Anna (1839–1919)
∞ Dr. med. Paul Friedrich Berger (1834–1900)

Die wichtigsten Quellen für diese Arbeit

Tagebuch der Luise Rückert.
Manuskript im Stadtarchiv Schweinfurt
Signatur A II 66
(Abkürzung: L.R.: TB)
ed. Ingeborg Forssman in Rückert-Studien Band X 1996 S. 119–183

Erinnerungen von Anna Berger geb. Rückert an ihre Eltern.
MS im Stadtarchiv Schweinfurt
Signatur A II 153-1, Paginierung nach dem Original
Signatur A II 153-3-1, Paginierung nach der Übertragung von Ingeborg Forssman
(Abkürzung: A.B. Erinn.)

Friedrich Rückert, Briefe, herausgegeben von Rüdiger Rückert.
Schweinfurt, 3 Bände, 1977 bis 1982.
(Abkürzung: F.R. Briefe)

Friedrich Rückert, Briefe, herausgegeben von Rüdiger Rückert.
4 Bände mit Briefen an und über Friedrich Rückert,
2 Bände Anmerkungen
Korrespondenz insbesondere von Familienmitgliedern.
Schweinfurt, Stadtarchiv o. J. (1987), Privatdruck
(Abkürzung: Briefe an u. über F.R.)

Weiteres Schrifttum

Beyer, Conrad: Friedrich Rückert, Ein biographisches Denkmal, Frankfurt am Main 1868

Beyschlag, Karlmann: Die Erlanger Theologie, Erlangen 1993.

Bischoff, Johannes: Friedrich Rückerts Beziehungen zur Stadt Erlangen, in: Erlanger Bausteine 1963, 2./3. Heft S. 57ff

Bobzin, Hartmut (Hrsg.): Friedrich Rückert an der Universität Erlangen, Erlangen 1988.

Deutsches Geschlechterbuch, Band 169, 44. Allg. Bd. Limburg/Lahn 1975.

Ebrard, August: Lebensführungen, Gütersloh 1888.

Engelhardt, Johann Georg Veit:
Die Universität Erlangen von 1743 bis 1843
(Nachdruck Erlangen 1991)
Erdmann, Jürgen (Hrsg.): 200 Jahre Friedrich Rückert,
Coburg 1988.
Erlangen in der Westentasche,
Erlangen 1845. (Nachdruck Erlangen 1978)
Loewe, Carl: Selbstbiographie,
Hildesheim, New York (Nachdruck) 1976.
Müller, Max: Alte Zeiten, Alte Freunde,
Gotha 1901.
Münchhoff, Ursula: Spurensuche oder Lebensspuren,
in: Erlanger Bausteine Bd. 43/1995, S. 181 ff
Och, Gunnar (Hrsg.): August Graf von Platen,
Erlangen 1996.
Pfaff, Else: Aus Pauline Braters Mädchenjahren,
München 1931.
Prang, Helmut: Friedrich Rückert, Geist und Form der Sprache,
Schweinfurt 1963.
Rückert, Friedrich: Werke in sechs Bänden (Hrsg.: C. Beyer)
Leipzig o. J.
Rückert, Friedrich: Kindertodtenlieder (Hrsg.: Hans Wollschläger)
Frankfurt am Main 1993.
Sapper, Agnes: Frau Pauline Brater,
München 1914.
Schimmel, Annemarie: Friedrich Rückert, Lebensbild,
Freiburg/Breisgau 1987.
Sohr, Amélie: Heinrich Rückert in seinem Leben und Wirken,
Weimar 1880.
Wiedemann, Hans: Rückerts Liebesfrühling,
in: euphorion 25, 1924 S. 406 ff

Bildnachweis

Seiten 12, 13, 46, 47: Stadtarchiv Schweinfurt
Seiten 56, 57: Städtische Sammlungen Schweinfurt
Seite 115: Privat

Anmerkungen

1 Über die Familie Doppelmeyer siehe Bischoff, J: F. Rückerts Beziehungen zur Stadt Erlangen und Deutsches Geschlechterbuch, Bd. 169, S. 155 ff.
2 L. R.: TB S. 41 v
3 A. B: Erinn. 1 S. 3
4 A. B: Erinn. 3 S. 2
5 A. B: Erinn. 1 S. 15
6 Briefe an und über F. R. Anmerkungen T. 1, Nr. 275-P.
7 A. B: Erinn. 3 S. 2
8 F. R.: Liebesleben, Beyer 1. Bd. S. 315.
9 F. R.: Briefe, S. 187 (14./15. 7. 1821)
10 L. R.: TB S. 27 v
11 L. R.: TB S. 3 r
12 F. R.: Liebesleben, Beyer 1. Bd. S. 302/303
13 L. R.: TB S. 2 v
14 ebd. S. 13 v
15 F. R.: Briefe, S. 179 (14. 6. 1821)
16 ebd. S. 182 (17. 6. 1821)
17 ebd. S. 193 (30. 7. 1821)
18 ebd. S. 200 (9. 8. 1821)
19 ebd. S. 221 (28. 11. 1821)
20 ebd. S. 238 (20. 12. 1821)
21 Briefe an u. über F. R. S. 120 (2. 8. 1821)
22 F. R.: Briefe, S. 177 (17. 5. 1821)
23 L. R.: TB S. 25 r
24 Briefe an u. über F. R. S. 135 (22. 11. 1821)
25 ebd. S. 125/126 (2. 11. 1821)
26 ebd. S. 127/128 (4. 11. 1821)
27 ebd. S. 136 (22. 11. 1821)
28 ebd. S. 126 (2. 11. 1821)
29 F. R.: Briefe S. 212 (4. 11. 21)
30 ebd. S. 208 (29. 10. 21)
31 ebd. S. 193 (30. 7. 1821)
32 A. B: Erinn. 1 S. 1 (Anm: Die Ehe von Karl Wiethaus-Fischer war kinderlos, er hatte aber eine uneheliche Tochter Louisa (Isa), die er adoptierte. Er starb am 5. 9. 1864 in Rothenburg o. T.)

33 Briefe an u. über F.R. S.135/136 (22.11.1821)
34 F.R.: Liebesleben: Beyer 1.Bd. S.310
35 L.R.:TB S.26 v
36 ebd. S.29 v
37 F.R. Briefe S.236/237 (17.12.1821)
38 Anna Berger behauptet, die Trauung habe in der Schloßkirche stattgefunden. Dagegen spricht ein Brief von R. vom 17.12. 1821: »Trauen werden wir uns doch wohl auf dem Zimmer lassen.« (Briefe F.R. S.237)
39 F.R.: Briefe, S.244 (18.2.1822)
40 Briefe an u. über F.R. S.124 (30.10.1821)
41 ebd. S.129 (4.11.1821)
42 A.B: Erinn.1 S.33
43 F.R.: Briefe S.21 (Dez.1812)
44 Briefe an u. über F.R. S.1608 (23.1.1856)
45 F.R.: Liebesleben, Beyer 1.Bd S.314/315.
46 F.R.: Briefe S.243 (18.2.1822)
47 F.R.: Liebesleben Beyer 1.Bd S.380.
48 Briefe an u. über F.R. S.160 (19.11.1822)
49 A.B: Erinn.3 S.3
50 Briefe an u. über F.R. S.161 (3.4.1823)
51 ebd. S.171 (30.11.1824)
52 ebd. S.176 (1.5.1825)
53 ebd. S.192 (12.7.1826)
54 ebd. S.193 (10.10.1826)
55 ebd. S.197 (11.2.1827)
56 F.R. Briefe S.419 (26.10.1826)
57 Briefe an u. über F.R. S.194 (3.12.1826)
58 ebd. S.195 (18.12.1826)
59 A.B: Erinn.3 S.3
60 Briefe an u. über F.R. S.202 (18.3.1827)
61 F.R.: Briefe S.422 (26.12.1826)
62 ebd. S.422 (26.12.1826)
63 A.B: Erinn.1 S.5
64 Agnes Sapper, Pauline Brater , S.4.
65 F.R.: Briefe S.442 (19.10.1827)
66 Briefe an u. über F.R. S.197 (11.2.1827)
67 ebd. S.243 (13.3.1830)

68 ebd. S.194 (14.12.1826)
69 F.R.: Briefe S.193 (30.7.1821)
70 Erlangen in der Westentasche S.7
71 Briefe an u. über F.R. S.203 (25.3.1827)
72 ebd. S.268 (2.11.1831)
73 A.B: Erinn.1 S.8
74 Briefe an u. über F.R. S.1182 (21.2.1849)
75 ebd. S.1194 (27.3.1849)
76 Der Vater bezieht sich auf Rückerts Schwestern, Sophie verh. Kremer (1791–1848) und Marie (1810–1835)
77 Briefe an u. über F.R. S.214 (20.12.1828)
78 ebd. S.226 (Reise nach Ems 22.7. bis 1.8.1829)
79 ebd. S.240 (26.1.1830)
80 ebd. S.196 (25.1.1827)
81 ebd. S.238 (7.12.1829)
82 ebd. S.248 (17.6.1830)
83 ebd. S.249 (4.7.1830)
84 ebd. S.250 (9.7.1830)
85 A.Sohr S.13.
86 Briefe an u. über F.R.: S.245/246 (16.5.1830)
87 ebd. S.252 (27.8.1830)
88 ebd. S.336 (16.11.1835)
89 ebd. S.362 (9.8.1836)
90 ebd. S.253 (27.8.1830)
91 A.B: Erinn.3 S.5
92 ebd. S.3/4
93 F.R.: Briefe S.244 (18.2.1822)
94 Briefe an u. über F.R. S.198 (14.2.1827)
95 F.R. Briefe S.504 (18.1.1832)
96 Briefe an u. über F.R. S.295 (12.2.1834)
97 L.R.: TB S.34 v
98 ebd. S.41 v
99 ebd. S.41 r
100 ebd. S.38 v
101 Briefe an u. über F.R. S.277 (1.11.1832)
102 ebd. S.311 (13.2.1835)
103 Johann Friedrich Küttlinger (1778–1851), Augenarzt
104 Briefe an u. über F.R.: S.350 (14.4.1836)

105 ebd. S. 350 (14.4.1836)
106 ebd. S. 351 (17.4.1836)
107 ebd. S. 366/367 (20.10.1836)
108 ebd. S. 291 (19.10.1833)
109 ebd. S. 269 (19.11.1831)
110 L.R.: TB S. 41 v
111 August Ebrard: Lebensführungen S. 272
112 ebd. S. 319
113 Briefe an u. über F.R. S. 195 (18.12.1826)
114 F.R. Briefe: S. 360 (5.1.1825)
115 ebd. S. 513 (31.10.1832)
116 Briefe an u. über F.R. S. 278 (29.11.1832)
117 ebd. S. 281 (2.1.1833)
118 ebd. S. 286 (7.6.1833)
119 ebd. S. 287 (11.6.1833)
120 ebd. S. 401 (1.1.1838)
121 ebd. S. 402 (24.1.1838)
122 ebd. S. 283 (21.3.1833)
123 U. Münchhoff, Spurensuche S. 225 ff
124 Briefe an u. über F.R. S. 415 (10.8.1838)
125 F.R.: Briefe S. 745/746 (Juli 1839)
126 Briefe an u. über F.R. S. 483 (7.8.1839)
127 ebd. S. 319 (4.5.1835)
128 ebd. S. 278 (1.9.1832)
129 ebd. S. 322 (Mai 1835)
130 F.R.: Briefe S. 823 (23.7.1841)
131 F.R.: Briefe S. 823 (23.7.1841)
132 ebd. S. 827 (26.8.1841)
133 ebd. S. 829 (5.10.1841)
134 ebd. S. 834 (19.10.1841)
135 ebd. S. 829/830 (5.10.1841)
136 A.B: Erinn. 3, S. 6
137 Briefe an u. über F.R. S. 787 (17.9.1844)
138 A.B: Erinn. 3, S. 6
139 C. Beyer: F.R.: S. 203
140 F.R.: Briefe, S. 829 (5.10.1841)
141 Briefe an u. über F.R. S. 563 (30.3.1841)
142 ebd. S. 611 (24.12.1841)

143 A. Sohr, S. 81/82
144 Briefe an u. über F. R. S. 609 (24.12.1841)
145 F. R. Briefe: S. 845 (11.2.1842)
146 Briefe an u. über F. R. S. 615 (25.2.1842)
147 F. R. Briefe: S. 878 (9.10 1842)
148 Briefe an u. über F. R. S. 318/319 (4.5.1835)
149 ebd. S. 482 (31.7.1839)
150 F. R. Briefe: S. 945/946 (7.2.1844)
151 A. B: Erinn. 1, S. 2
152 F. R. Briefe: S. 899 (14.4.1843)
153 A. B: Erinn. 3, S. 6
154 ebd. 1, S. 3
155 F. R. Briefe: S. 918 (28.10.1843)
156 A. B. Erinn.
157 F. R. Briefe: S. 946 (7.2.1844)
158 Briefe an u. über F. R. S. 735 (4.3.1844)
159 F. R. Briefe: S. 952 (17.3.1844)
160 A. B. Erinn. 3, S. 6
161 Briefe an u. über F. R. S. 791 (14.10.1844)
162 C. Beyer: F. R. S. 246
163 Briefe an u. über F. R. S. 809 (8.12.1844)
164 ebd. S. 1172 (12.2.49)
165 ebd. S. 484 (7.8.1839)
166 ebd. S. 1193 (24.3.1849)
167 ebd. S. 925/926 (24.7.1846)
168 ebd. S. 1098 (23.7.1848)
169 ebd. S. 616 (18.4.1842)
170 Johann Adam Hartung (1801–1867) war ein bedeutender Gelehrter.
171 Briefe an u. über F. R. S. 1190 (24.3.1849)
172 ebd. S. 611 (24.12.1841)
173 ebd. S. 1214 (20.5.1849)
174 Max Müller: Alte Zeiten S. 67
175 ebd. S. 67,68,69
176 Carl Loewe: Selbstbiographie S. 398
177 Christian Stockmar (1787–1863), Mediziner, Staatsmann Karl August Freiherr von Wangenheim (1773–1850), Staatsmann

178 A. Sohr S. 141
179 Briefe an u. über F. R. S. 920 (18. 5. 1846)
180 ebd. S. 928 (11. 8. 1846)
181 A. B: Erinn. 1, S. 17/18
182 Briefe an u. über F. R. S. 773 (8. 7. 1844)
183 ebd. S. 1315 (19. 7. 1850)
184 C. Beyer: F. R. S. 396/397 (10. 10. 1851)
185 ebd. S. 387/388 (8. 10. 1852)
186 A. B: Erinn. 1, S. 12
187 Briefe an u. über F. R. S. 1044 (9. 1. 1848)
188 ebd. S. 1047 (28. 1. 1848)
189 ebd. S. 1052 (9. 3. 1848)
190 ebd. S. 1437 (11. 5. 1852)
191 F. R. Briefe: S. 1123 (15. 3. 1849)
192 Briefe an u. über F. R. S. 1168/1169 (6. 1. 1849)
193 ebd. S. 1132 (19. 11. 1848)
194 A. Sohr S. 118/119
195 A. B: Erinn. 1, S. 32 (Anm: Peter Cornelius (1783–1867) hatte Rückert in Rom kennengelernt, wo sich C. den Nazarenern anschloß. C. lebte in Düsseldorf und ab 1841 in Berlin.)
196 ebd. 1, S. 32
197 Briefe an u. über F. R. S. 1176 (20. 2. 1849)
198 ebd. S. 1325 (12. 8. 1850)
199 ebd. S. 1326 (12. 8. 1850)
200 A. Sohr S. 142
201 ebd. S. 145/146
202 F. R. Briefe: S. 1289 /1290 (1858)
203 A. B: Erinn. 1, S. 1/2
204 Briefe an u. über F. R. S. 1347 (25. 11. 1850)
205 A. B: Erinn. 1, S. 2
206 Briefe an u. über F. R. S. 1341/1342 (13. 11. 1850)
207 ebd. S. 681 (3. 5. 1843)
208 ebd. S. 824/825 (25. 3. 1845)
209 ebd. S. 1342 (13. 11. 1850)
210 ebd. S. 1471 (23. 7. 1853)
211 ebd. S. 1026 (9. 8. 1847)
212 ebd. S. 1423 (Dez. 1851)
213 ebd. S. 815 (9. 1. 1845)

214 A.B: Erinn.1, S.34
215 Briefe an u. über F.R. S.1471 (23.7.1853)
216 A.B: Erinn.1, S.33
217 ebd. S.3
218 Briefe an u. über F.R. S.955 (26.12.1846)
219 F.R. Liebesleben. Nachtrag, Beyer 1.Bd S.443/444
220 A.B: Erinn.1, S.10
221 C.Beyer: F.R. S.399 (4.7.1853)
222 Briefe an u. über F.R. S 1608 (23.1.1856)
223 ebd. S.1586 (15.11.1855)
224 F.R. Briefe: S.1239 (Juni 1856)
225 Briefe an u. über F.R. S.1048 (8.2.1848)
226 ebd. S.1181 (21.2.1849)
227 Brief v. Hedwig Wiethaus-Fischer (31.12.1867) MS.A II 59-67
228 Briefe an u. über F.R. S.1214 (20.5.1849)
229 Ausspruch von F. R. (unveröffentlicht) Archiv Schweinfurt A II 71-755
230 Briefe an u. über F.R. S.1652/1653 (5.11.1856)
231 ebd. S.1735 (20.11.1858)
232 A.Sohr S.152
233 Briefe an u. über F.R. S.1487 (7.2.1854)
234 A.Sohr S.192
235 A.B: Erinn.1, S.1
236 F.R. Briefe: S.1259 (Juni 1857)
237 A.Sohr S.192
238 F.R. Liebesleben, Nachtrag, Beyer 1.Bd S.444, Str. 3,4
239 A.B: Erinn.3, S.5
240 ebd.1, S.36
241 ebd. S.10
242 L.R.: TB S.38 v
243 ebd. S.30 v
244 H.Wiedemann: Rückerts Liebesfrühling S.441

Inhalt

Dank

An dieser Stelle möchte ich allen danken, die mir mit Rat und Tat zur Seite standen und mir so die Möglichkeit gaben, dieses Lebensbild von Luise Rückert zu entwerfen. An erster Stelle ist hier Herr Rudolf Kreutner M.A. (Schweinfurt) zu nennen, der mir in Kopien die Erinnerungen von Anna Berger geb. Rückert zugeschickt hat, die für mich von unschätzbarem Wert waren. Er hat mich auch auf einige Gedichte aus Rückerts letzten Lebensjahren hingewiesen und mich immer wieder fachmännisch beraten und ermutigt.

Meine Freundin Ursula Münchhoff hat mir auf Grund ihrer profunden Kenntnisse unendlich viele wertvolle Hinweise gegeben. Wohl kaum jemand hat die Kirchenbücher und die Universitätsakten von Erlangen so gründlich studiert wie sie. Ihr Tod im Januar 1997 war ein großer Verlust nicht nur für ihre Familie und die Freunde, sondern auch für die Erlanger Heimatforschung.

Herr Prof. Dr. Hartmut Bobzin (Erlangen) hat mir selbstlos sein Exemplar der »Briefe an und über Friedrich Rückert« zur Verfügung gestellt, die eine weitere unschätzbare Quelle sind. So unverzichtbar diese Briefe, die Rückerts Urenkel Rüdiger Rückert ediert hat, sind, so bedauernswert ist es, daß diese Ausgabe bis jetzt nur in einem Privatdruck vorliegt, der zudem noch viele Tipp- und offensichtliche Lesefehler enthält.

Danken möchte ich auch meinem Mann Bernhard Forssman, der mir beim Korrekturlesen geholfen hat, sowie meinem Sohn Friedrich Forssman (Kassel), der Gestaltung und Satz übernommen hat.

Erlangen, im Frühjahr 1997
Ingeborg Forssman

Impressum

Bibliografische Information Der Deutschen Bibliothek
Die Deutsche Bibliothek verzeichnet diese Publikation in der Deutschen Nationalbibliografie; detaillierte bibliografische Daten sind im Internet über http://dnb.ddb.de abrufbar.

Zweite überarbeitete Auflage.

Gestaltung und Satz: Friedrich Forssman, Kassel
Druck: Rosch Buch, Scheßlitz
Printed in Germany
ISBN 3-89913-281-5
ISSN 0933-9094